Marcel Keiffenheim
Hochzeitsreise unter Segeln

SERIE

PIPER

Zu diesem Buch

Die Idee ist für viele ein Traum: Heiraten und gleich darauf ein Jahr lang auf eine äußerst ungewöhnliche Hochzeitsreise gehen. Für Petra Hach und Marcel Keiffenheim wurde er wahr. Sie kündigten Jobs und Wohnung und segelten in einem gebraucht gekauften Segelboot los, um den Atlantik zu überqueren. Knapp 12000 Seemeilen legten sie in gut einem Jahr zurück – von Hamburg über Holland, die Atlantikküste südwärts bis zu den Kanaren, in die Karibik, zu den Azoren und dann wieder zurück. Die Gefahren waren groß, die Angst vor Flauten, Stürmen, Havarien, Bootsuntergängen, Nervenzusammenbrüchen war immer mit an Bord. Selbst nachts gab es keine wohlverdiente Ruhe wegen schlafender Wale, schwimmender Baumstämme oder großer Schiffe. Doch sie wurden reichlich entschädigt: selbstgefangene köstliche Fische, das unendliche Firmament über sich und das gute Gefühl, es gemeinsam geschafft zu haben. Ein spannender Bericht über eine abenteuerliche Fahrt und das Wagnis zu zweit.

Marcel Keiffenheim, geboren 1960 in der Eifel, studierte Politik und Internationales Recht und arbeitete als Segel- und Surflehrer in Italien. Seit 1988 ist er als Journalist für verschiedene Zeitungen und Zeitschriften tätig.

Marcel Keiffenheim
Hochzeitsreise unter Segeln

Zu zweit über den Atlantik

Mit 16 farbigen Abbildungen

Piper München Zürich

Originalausgabe
Juni 2000
© 2000 Piper Verlag GmbH, München
Umschlag: Büro Hamburg
Stefanie Oberbeck, Katrin Hoffmann
Umschlagfoto: Comstock
Gesamtherstellung: Clausen & Bosse, Leck
Printed in Germany ISBN 3-492-23015-6

Inhalt

Der Antrag

Hamburg sowie Marstal (Dänemark) –
Orth / Fehmarn,
September 1996 bis Mai 1997

Bis heute weiß ich nicht, ob Petra mich nur heiratete, weil ich diese Idee von einer einjährigen Hochzeitsreise im Segelboot hatte. Sie verneint das natürlich vehement. Aber andererseits hatten wir bis zu jener schicksalhaften Sturmfahrt über die Ostsee schon Monate nicht mehr über meinen Antrag gesprochen.

Der Abend, an dem ich um Petras Hand anhielt, begann ziemlich romantisch. Ich hatte sie in eines dieser teuren Restaurants ausgeführt, in denen man erst am Korken riechen muß, bevor der Weinkellner einem den ersten Schluck gönnt. Petra war natürlich ziemlich neugierig, warum wir uns so in Schale geworfen hatten. Aber immer wenn sie den Grund des Festessens zu erraten suchte – etwa fragte: »Bist du befördert worden?« oder: »Haben wir denn im Lotto gewonnen?« –, setzte ich mein undurchdringlichstes Lächeln auf und antwortete: »Abwarten!«

Allerdings bin ich kein guter Geheimniskrämer. Und als wir so dasaßen im Kerzenlicht, mit feierlichen Mienen, gebügelten Leinenservietten auf dem Schoß und zwischen den Gräten gegrillter Seezungen nach Fleisch stocherten, da platzte es plötzlich und zu meiner eigenen Verwunderung, schließlich wollte ich ja eigentlich bis zum Finale des Abends warten, aus mir heraus: »Petra, willst du mich heiraten?«

Petra hatte gerade den Mund voll. Aber weil sie Dame genug ist, weder Fischkrümel übers Tischtuch zu spukken, noch eine peinliche Pause vor ihrer Antwort auf eine solche Schicksalsfrage entstehen zu lassen, konnte sie eigentlich bloß mit einem leicht vermampften Ja oder Nein reagieren. Sie entschied sich für: »Ja!«

Die Einschränkungen kamen zum Dessert. »Laß uns aber noch ein bißchen warten«, hob Petra an. Und spätestens nach dem zweiten Espresso (den ersten hatte ich im Eifer der Debatte kalt werden lassen) mußte ich zugeben: Ein Trauschein würde unser Leben gar nicht verändern. Wir wohnten ja ohnehin schon seit Jahren zusammen, in wilder Ehe gewissermaßen. Hatten soeben in einer neuen Stadt ein neues Appartement bezogen, arbeiteten in neuen Jobs und begannen gerade, einen neuen Freundeskreis aufzubauen.

»Für den Moment nicht noch mehr Veränderungen!« bat Petra. Zumal nicht einmal das Finanzamt unsere Ehe mit Geld segnen würde, da wir in unseren Berufen, Petra als freie Art-Direktorin, ich als Zeitschriften-Redakteur, etwa gleich viel verdienten, das sogenannte Ehegatten-Splitting also nicht griff. Petra argumentierte sogar, daß, wenn man auch noch die Kosten für Ringe, Fete, Flitterwochen mitbedenke, eine Hochzeit für uns derzeit nichts weiter als ein teurer Behördengang sei. In unserer augenblicklichen Lebenssituation gab es, mußte ich einsehen, einfach keinen Grund zu heiraten.

Also redeten wir nicht mehr drüber. Jedenfalls bis wir etliche Monate später trotz Sturmwarnung von Marstal nach Fehmarn segelten.

Es war für Yachten noch ziemlich früh im Jahr, aber wir hatten während unseres einwöchigen Törns durch die dänische Südsee trotzdem schönes Wetter gehabt. Pünktlich zur Rückreise nach Deutschland näherte sich allerdings ein kleines, gemeines Tief. Schon am Nachmittag vor der Abfahrt verschandelten Zirren den blauen Frühlingshimmel, abends warnte der Wetterbericht vor »Südwest sieben bis acht, Schauerböen«. Und als wir am nächsten Morgen zum Strand spazierten, um vor dem Auslaufen die Lage zu peilen, war draußen kein einziger Segler mehr zu entdecken – nur Möwen, dicke Wolken und schmutziggrau schäumende Wogen. So wie die Ostsee eben aussieht, wenn sie ernsthaft wütend ist.

»Bei solchen Bedingungen sind wir im Hafen besser aufgehoben«, sagten wir uns. Bloß, daß wir trotzdem nicht bleiben konnten. In zwei Tagen mußten wir wieder an unseren Arbeitsplätzen erscheinen.

»Wir könnten die Fähre nehmen und unsere *Baal* hierlassen«, schlug ich Petra vor.

»Meinst du, zu segeln ist nicht möglich?« Doch, entgegnete ich, möglich ist es schon. Sieben bis acht Beaufort entsprechen schließlich einer Luftbewegung von nicht mehr als 75 Stundenkilometern. Laut der Einteilung der Meteorologen ist das noch kein Sturm, bloß »stürmischer Wind«. Keine unmöglichen Bedingungen also, nur unangenehme. Ziemlich unangenehme.

Jedenfalls war mir reichlich mulmig, als wir zu unserer *Baal* zurückkehrten. Ich war zwar schon bei schwererem Wetter draußen gewesen. Doch war das im freien Seeraum, wo eine Yacht zur Not vor Wind und Wellen ablaufen kann. Hier versperrte uns Langeland den Weg nach Lee. Wenn uns also die stürmische Brise zu weit seitlich versetzte, würden wir an der Küste der langgezogenen Insel stranden.

Und daß die Abdrift zu groß werden könnte, wenn wir hoch am Wind an Langeland längs segelten, mochte ich angesichts des geringen Tiefgangs unserer *Baal* nicht ganz ausschließen. Wir kannten sie einfach noch nicht gut genug. Die Yacht hatten wir drei Jahre zuvor gebraucht gekauft – ein neun Meter langes, vielleicht nicht besonders hübsches, dafür aber solides Plastikboot. Bislang hatte sie sich als gemütlicher, behäbiger Segler erwiesen, der entschieden den Eindruck machte, eine tüchtige Brise gut wegstecken zu können. Allerdings waren wir bislang mit ihr stets bei gemäßigten Bedingungen auf dem Mittelmeer und der Ostsee unterwegs gewesen.

Motor voll voraus; dreifach gerefftes Großsegel, um das Boot im Seegang zu stabilisieren; kein Vorsegel, weil das zuviel Krängung bringen könnte und die Ölschmierung der Maschine bei Schräglage nicht gewährleistet ist.

»So müßte es gehen«, erläuterte ich Petra, »entweder so, oder wir nehmen die Fähre.«

Bei uns an Bord war es wie bei vielen anderen Pärchencrews auch: Ich bin seit meiner Jugend gesegelt und kenne mich recht gut aus mit der Materie. Petra kam erst spät durch einen Freund zum Segeln. Viel Erfahrung hatte sie noch nicht, also verließ sie sich in kritischen Situationen auf das Urteil ihres »Kapitäns«. Und wenn wir schon bei nautischen Diensträngen sind – wir mögen sie nicht und verwenden sie nicht mal im Spaß (außer in der Karibik, wo man dazu gezwungen ist, aber dazu kommen wir ja noch) – jedenfalls: Wenn ich der Kapitän war, dann war

Petra der Admiral. Sie bestimmte die große Linie (»Lieber heute ein großes Stück und dafür morgen einen Hafentag« oder: »Such mal ein Ziel, das wir ohne Kreuzen anlaufen können«) und überließ mir das Tagesgeschäft.

Das Vertrauen ehrte und sollte nicht durch defätistisches Gemurmel erschüttert werden. Andererseits wollte ich nicht, daß sich Petra ahnungslos auf ein Abenteuer einließ, das ja nicht ganz ohne Risiken war. Also erzählte ich ihr von Abdrift und Strandungsgefahr, erklärte meine geplante Motorsegel-Taktik und fragte schließlich: »Meinst du, daß du dem gewachsen bist? Wir haben da draußen einen Seegang, wie du ihn noch nicht erlebt hast.«

Aber Petra antwortete admiralsmäßig: »Wenn wir fahren können, dann fahren wir auch. Und die paar Stunden Geschaukel werd ich schon überstehen. Ich bin nämlich seefester als du.«

Also unterzog ich den Motor nochmals einer genauen Inspektion – überprüfte Ölstand, Keilriemenspannung und Spritmenge. Dann zogen wir Schwerwetterkleidung an, Schwimmwesten mit Sicherheitsleinen darüber und legten ab.

Die Probleme begannen nach einer Dreiviertelstunde. Wir tuckerten gerade an Langelands Küste entlang südwärts, wo die Brandung beeindruckende Gischtfontänen aufwarf, fluchten über das nervige Gerolle unseres Bootes im Seegang und freuten uns gleichzeitig, daß wir laut GPS-Navigationscomputer genau auf Kurs zu unserem ersten Wegpunkt waren. Als plötzlich die Drehzahl des Motors abfiel. Ein paar Sekunden gurgelte die Maschine noch asthmatisch auf niedrigen Touren, rülpste einmal und schwieg fortan.

Plötzlich rauschte die See ohrenbetäubender und heulte der Wind bedrohlicher. Als wir in Richtung der Leeküste schauten, um die Zeit bis zur Strandung abzuschätzen, brauchten wir nicht mal den Kopf zu wenden. *Baal* war gleich nach dem Ausfall des Motors vom Kurs abgefallen und dümpelte jetzt quer zu den Wellen apathisch Richtung Schiffbruch. Und kein noch so energisches Ruderlegen konnte sie wieder höher an den Wind geschweige denn zu einer Wende bewegen. Das Großsegel, durch drei Reffs auf Tischtuch-Format gestutzt, lieferte dafür nicht genug Vortrieb.

Gar nicht erst versuchen, den Motor neu zu starten, sondern mehr Segel setzen: »Schnell, schnell, schnell!« Hektisch zerrte ich in der Backskiste nach der Sturmfock, während Petra an der Pinne versuchte, den Abstand zum Strand möglichst langsam schrumpfen zu lassen. Ich sprintete mit dem sperrigen Segelsack übers Deck nach vorne: Stagreiter einhaken, Fall festschäkeln, Schot anschlagen ...

»Marcel!«, schrie Petra, und ich schrie zurück: »Was denn?«, dachte aber nur an: schnell, schnell, schnell.

»Das ist doch Wahnsinn!«, schallte es von achtern. »Willst du über Bord gehen? Pick dich gefälligst ein!«

Wenn der Bug ins Wellental eintauchte und Wasser übers Vorschiff schwappte, hielt ich mich am Segel fest. Wenn der Bug hochstieg und der Wind unter die Sturmfock fuhr, warf ich mich aufs knatternde Tuch. Wenn ich den Seegangrhythmus falsch einschätzte, läge ich in der acht Grad kalten Ostsee. Also vernünftig sein und den Karabiner der Sicherheitsleine an dem extra starken Gurtband festhaken, das wir für diesen Zweck von vorne nach achtern über Deck gespannt hatten. Noch zehn Minuten bis zur Strandung.

Als ich die Sturmfock über die Winsch am Mast hoch-
kurbelte, ließ das schlagende Segel das gesamte Schiff vi-
brieren. Petra riß schon an der Schot, während ich, noch
über meine Sicherheitsleine stolpernd, zurück ins Cockpit
stürzte. Gemeinsam holten wir die Fock dicht. Jetzt Fahrt
aufnehmen, anluven und wenden – weg von der tosenden
Brandung.

Eine knappe Stunde hielten wir hoch am Wind nach
Westen, dann war der Zeitpunkt für die nächste Wende
gekommen – und mit ihm der Moment der Wahrheit:
Pinne nach Lee, Vorschot los, drehen und ... jubeln! Vor
Baals Bug erstreckte sich freies Wasser, die bedrohliche
Küste von Langeland blieb weit in Lee zurück. Mit
einem hydrodynamisch unmöglichen Kiel und lächer-
lichen 1,15 Metern Tiefgang hatte sie sich gegen acht
Windstärken und die berüchtigt hackige Ostseewelle
freigekreuzt. Wenn das nicht geklappt hätte, wären wir
... na ja, wohl nicht mit unserem Schiff gescheitert und
ersoffen. Wir hätten über Funk Hilfe herbeirufen können
und vor einer Strandung immer noch unseren schweren
Anker werfen können. Dennoch waren wir euphorisch,
als ob uns was besonders Wichtiges im Leben geschenkt
worden wäre. Und das stimmte ja auch. Ab diesem
Augenblick wußten wir, daß wir ein seetüchtiges Schiff
besaßen.

Als Langeland achteraus am Horizont verschwunden
war und voraus im Regen, ungastlich und grauverschwie-
melt, die Umrisse von Fehmarn auftauchten, machte ich
Petra den zweiten Heiratsantrag meines Lebens: »Und
gleich nach dem Standesamt gehen wir an Bord unseres
tollen, tapferen, superseetüchtigen Boots und segeln mit
ihm auf unserer Hochzeitsreise ein Jahr lang durch die
Welt.«

Und Petra sagte: »Ja!« ohne Einschränkungen und blieb auch dabei, als wir abends in der Hafenkneipe mit einem Festessen den Abschluß der letzten Reise sowie die Aussicht auf die nächste feierten.

Abschied in ein neues Leben

Hamburg, 1. Juni 1998

Zum letzten Frühstück unseres alten Lebens hatten wir frische Brötchen, die ich bei einem Bäcker in Hafennähe holte, selbstgemachte Marmelade von Petras Mutter, schwarzen Kaffee und endlich Ruhe. Wir waren fertig. Wir saßen auf unserem Boot im Hamburger City-Sportboothafen und hatten all unsere langen Listen abgearbeitet. Wir mußten nur noch aufessen, abspülen, abfahren.

Wenn wir gewußt hätten, daß dies einer der schönsten Momente der gesamten Reise war, hätten wir ihn mehr genossen. Vielleicht wären wir, statt drinnen morgenvermuffelt um den Kajüttisch zu hocken, hinaus ins Cockpit gegangen. Die Skyline Hamburgs bewundern – den Michel, die Landungsbrücken, die Docks und auch die Ozeanfrachter. Und den makellos blauen Himmel über uns. Irgend etwas tun, um den Augenblick zu feiern. Sicher waren wir glücklich, aber auf eine achtlose Weise, wie man manchmal einen hervorragenden Wein herunterstürzt, ohne daran zu denken, daß man einen derart guten Tropfen so bald nicht mehr auf der Zunge spüren wird. Ganz naiv dachten wir: So toll wie jetzt geht das immer weiter. Und ahnten nicht, daß Wochen schlechten Wetters vor uns lagen und wir Tausende von Seemeilen segeln mußten, bis wir uns wieder annähernd so eins mit unserem Vorhaben fühlen würden.

Tatsächlich standen wir nun, was die Seemeilen anging, am Anfang unserer Reise. Wir hatten schließlich bereits all jene Klippen umschifft, an denen viele, die von der großen Fahrt träumen, scheitern: Boot startklar machen, ausreichend Geld und Zeit organisieren, die Bindungen des bürgerlichen Daseins weit genug lockern, um für längere Zeit aufs Meer zu entschlüpfen. In der Bootsbilge lagerte Champagner kühl. Bereit, bei der ersten feierlichen Gelegenheit geköpft zu werden. Daß wir diesen Augenblick schon verpaßt hatten, war uns damals gar nicht klar. Die Flasche tranken wir dann Wochen später, um irgendeinen Frust zu ertränken.

Daß wir diese schwere, erste Etappe von der Ostsee-Sturmfahrt im Vorjahr bis zum Abreisetag zu unserer einjährigen Segel-Hochzeitsreise gemeistert hatten, lag auch an einem traurigen Ereignis. Petras Vater war mit 53 Jahren an einem Gehirnschlag gestorben. Petra erbte etwas Geld, das uns, zusammen mit unseren Ersparnissen, erlaubte, die Obergrenze für monatliche Ausgaben bei 3000 Mark anzusetzen.

Unterwegs trafen wir etliche Segler, die mit erheblich weniger auskommen wollten. Vor allem junge Engländer ließen sich offenbar durch ein Buch, das Yachties ein Leben für ein Pfund pro Tag anpreist, zu abenteuerlichen Finanzplanungen verführen. Tatsächlich waren auch einige Lebenskünstler und Sparwunder darunter, die sich mit Gelegenheitsjobs oder pfiffigen Geschäftsideen über Wasser hielten. Viele mußten jedoch ihre Reise abbrechen, da das Geld ausging. Auch uns gelang es nicht, unser Budget nennenswert zu unterbieten. Rund 500 Mark monatlich waren von vornherein für Versicherungen aller Art weg.

Hafengebühren und Bootsreparaturen ließen sich ebenfalls nur auf Kosten von Sicherheit und Komfort zusammenstreichen. Und ab und zu Essen gehen oder einen Leihwagen nehmen – darauf wollten wir auch nicht verzichten, schließlich war es doch unsere Hochzeitsreise.

Dabei hatten wir unsere *Baal* schon im Jahr vor der Abfahrt für knapp 30 000 Mark hochgerüstet – beinahe soviel, wie die gebraucht gekaufte Yacht ursprünglich gekostet hatte. Mehr als die Hälfte der Summe ging freilich für den Einbau eines neuen Motors drauf. Denn die Maschine ließ uns auch nach der Beinahe-Strandung vor Langeland noch ein halbes Dutzend Mal im Stich – oft dazu in peinlichen Situationen. Im piekfeinen Passathafen von Travemünde beispielsweise starb der Motor genau in dem Moment ab, als wir zum Anlegemanöver mit dem Rückwärtsgang aufstoppen wollten. Nur ein glücklicher Lassowurf der Festmacherleine über einen Poller verhinderte, daß wir vierkant in eine teure Luxusyacht rauschten. Mechaniker, die wir wegen der bläulichen Rauchfahne aus dem Auspuff und einer peinlichen Öl-Inkontinenz, die sich im verdächtig schillernden Kielwasser bemerkbar machte, konsultierten, hielten jedenfalls eine Reparatur der alten Maschine für zu aufwendig.

Neben einem neuen Motor spendierten wir uns Ausrüstungsgegenstände, die dazu beitragen sollten, daß auch Petra das Boot eigenständig führen konnte: selbstholende Winschen, die den Kraftaufwand beim Umgang mit den Schoten verminderten, eine Vorsegel-Rollanlage, welche Petra die so verhaßten Segelwechsel auf schwankendem Vorschiff ersparen sollte, und einiges mehr.

Blieb die Frage: Wohin fahren wir überhaupt? Unsere *Baal* schafft bei guten Bedingungen in 24 Stunden 120 Seemeilen (knapp 220 Kilometer). Falls wir jeden Tag unterwegs wären, könnten wir damit in unserem Segeljahr rund um die Welt kommen – theoretisch. Praktisch haben sich Yachties nach den Wind- und Wettersystemen der Ozeane zu richten. Und die erlauben gefahrlose und angenehme Reisen nur zu bestimmten Jahreszeiten. Wer zudem noch Land und Leute erleben will, braucht für eine Weltumsegelung mindestens drei Jahre. Unsere Ersparnisse reichten aber »nur« für ein gutes Jahr.

Also war die ehrgeizigste Tour, die uns möglich schien, eine Umrundung des Nordatlantiks: von Deutschland aus westwärts über Nordsee und Kanal nach England, dann Richtung Süden über die Biskaya zur spanischen und portugiesischen Atlantikküste, hinaus auf den Ozean mit Kurs Madeira und Kanaren, und schließlich in der tropischen Passatzone die Atlantiküberquerung mit Ziel Karibik. Zurück nach Europa sollte eine nördlichere Route führen, mit Stationen auf den Bahamas, Bermudas und Azoren.

Jedenfalls hatten wir uns das während langer Winterabende so ausgedacht und anhand von Seekarten und Handbüchern auch schon durchgeplant.

»Aber wir verraten niemandem was«, schlug ich Petra vor. Denn irgendwie kam es mir vermessen vor, aller Welt die Karibik als unser Ziel zu nennen, als hätten wir im Reisebüro pauschal gebucht. Außerdem war ich ein bißchen abergläubisch. Beim Segeln kann so viel dazwischenkommen – schlechtes Wetter, Schäden am Boot, allgemeine Mutlosigkeit –, daß ich lieber tiefstapeln wollte. Aber da hatte ich die Rechnung ohne meine künftige Gattin gemacht.

»Wir wollen nach Amerika segeln, und ich soll nicht mal meinen besten Freunden etwas sagen – das ist doch Quatsch!« Hätte ich das Thema nicht anschneiden sol-

18

len, während wir am Eßzimmertisch den Übersegler studierten, eine Karte, auf der der Atlantik nur 21 Zentimeter breit ist?

»Es ist eine verdammt lange Tour über den großen Teich«, entgegnete ich, »vielleicht trauen wir uns nicht, und das zugeben zu müssen, wäre doch peinlich.« Keine sehr überzeugende Argumentation, das merkte ich selber. Und den Hinweis auf Petras vielleicht nicht so ausgeprägtes geographisches Vorstellungsvermögen hätte ich mir auch besser gespart. Schließlich konnten wir uns manchmal schon während einer Autofahrt über die korrekte Benutzung des Stadtplans in die Haare kriegen.

Jedenfalls antwortete sie mit beißender Ironie: »Nachdem du mir ein Dutzend Mal auseinandergesetzt hast, daß die Atlantiküberquerung bis zu einem Monat dauern kann, bin selbst ich mir über das Ausmaß des Unternehmens im Klaren. Oder glaubst du, ich weiß nicht, wie lang ein Monat ist?« Daß ich angesichts unseres geplanten Abenteuers auf Heimlichtuerei verfallen wolle, bezeuge ihrer wohlerwogenen Meinung nach lediglich meine typisch männlich-chauvinistische Neigung, Schwächen zu vertuschen und den starken Max herauszukehren.

Es schien mir damals vorteilhafter, das Thema nicht weiter zu verfolgen. Und einige Wochen später war es ohnehin zu spät. Als ich während einer Party auf unsere geplante Reise angesprochen wurde und sagte: »Wir wollen einfach ins Blaue segeln. Mal seh'n, wohin es uns verschlägt«, da war bei meinem Gesprächspartner eine gewisse Enttäuschung nicht zu übersehen.

»Ach«, versetzte er, »ich dachte, ihr wolltet rüber nach Amerika – das erzählt man sich jedenfalls drüben in der Küche.«

Immerhin hatte Petras Offenherzigkeit durchaus ihre Vorteile. Als ich meinem Chefredakteur mit mulmigem Gefühl unterbreitete, daß ich nächstes Jahr, statt zu arbeiten, lieber über den Atlantik segeln wolle, war ich schon halb auf einen väterlich-strengen Vortrag über die Freuden des geregelten Berufslebens und eines lückenlosen Lebenslaufs gefaßt.

Statt dessen sagte er: »Super Idee!« Und dann wollte er wissen, welche Route wir nehmen würden. Als ich sie ihm Station für Station vorplante, merkte ich, das er gar nicht mehr richtig zuhörte, weil er, selbst Hobbysegler, gedanklich schon ganz weit draußen auf dem Ozean war. Aber nachdem er schließlich wieder in der Realität angedockt hatte, bot er mir an, daß ich nach unserer Rückkehr gerne meinen Job wiederhaben könne.

Eine Sorge weniger! Petra mußte als Freiberuflerin zwar nicht kündigen, doch dafür hatte sie gerade einen lukrativen Auftrag sausen lassen, weil der zeitlich mit unseren Reiseplänen kollidierte. Und so ein bißchen fragten wir uns schon, wie es mit uns beruflich weitergehen würde. Schließlich wollten wir in unserem Segeljahr sämtliche Ersparnisse durchbringen und kämen danach so arm wie die Kirchenmäuse zurück nach Hause.

Auch unsere Freunde ließen sich von unserem großen Ziel begeistern. Halfen bei den Bootsarbeiten, bei der Wohnungsauflösung und richteten schließlich sogar unsere Abschiedsfete aus, um uns die Mühen der Partyorganisation zu ersparen. Wir haben natürlich besonders nette Freunde, aber ob sie sich mit gleichem Enthusiasmus ins Zeug gelegt hätten, wenn wir bloß von einer Fahrt ins Blaue, vielleicht ins Mittelmeer, vielleicht nur über die Ostsee, geredet hätten, das wage ich doch zu bezweifeln.

Mittlerweile wurden wir auf Parties fast wie Helden präsentiert.

»Darf ich vorstellen, Petra und Marcel, segeln demnächst um die Welt.«

»Halt, nur in die Karibik und zurück.«

»Sag ich doch. In die Karibik und zurück ist so gut wie einmal um die Welt.« Zu unserer Schande muß ich gestehen, daß wir gegen die dann aufkeimende Bewunderung nicht immer mit aller Kraft ankämpften. Sollten wir beckmesserisch aufrechnen, daß die Passagen einer Weltumsegelung im Pazifik und Indischen Ozean viel schwieriger seien als das, was uns im Atlantik bevorstünde? Einmal wand ich immerhin ein, daß nach meinem Dafürhalten eine Autobahnfahrt von Hamburg nach München gefährlicher sei als eine Ozeanüberquerung in der tropischen Passatzone. Ich war davon ehrlich überzeugt, aber keiner glaubte mir – und das zu Recht, wie wir schließlich erleben sollten.

Auch unsere Hochzeit profitierte davon, daß Petra sich mit der Bekanntgabe der Reisepläne durchgesetzt hatte. Wir hatten an die Feier nur wenig Gedanken verschwendet. Seit wir den neuen Motor kaufen mußten, war klar, daß unsere Finanzen für beides, ein rauschendes Fest und die Reise, nicht ausreichen würden. Folglich mußte eine schlichte Trauung mit anschließendem Kaffeeklatsch im engsten Familienkreis genügen. Daß es trotzdem eine denkwürdige Feier wurde, lag an meinen Geschwistern, die das Festmenü als kulinarische Reise entlang unserer geplanten Route gestalteten. Da wurde beispielsweise im England-Gang Erbsenpudding mit Essigchips aufgetischt, nicht gerade üblich auf Hochzeitstafeln, und gerade darum so gelungen.

Etliche der Hochzeitsgeschenke fanden wir zunächst

skurril. Wir hatten Ausrüstungsgegenstände für unsere Fahrt erbeten und eine entsprechende Liste zusammengestellt. Aber unserer in Eifel und Pfalz beheimateten Verwandtschaft kamen die Nautiquitäten offenbar reichlich dubios vor, weshalb fast alle sich unabhängig voneinander entschlossen, sie mit bodenständigeren Gaben zu ergänzen: mit Handtüchern, Geschirrtüchern, Badetüchern, Gästehandtüchern. Am Ende des Hochzeitstages hatten wir ganze Berge davon; manch kleines Hotel hätte neidisch werden können auf unseren Frotteevorrat.

Doch wenn man die Lappen schon mal hat, nutzt man sie auch. Wir packten einige Dutzend an Bord, wo sie uns fortan gute Dienste leisteten. Ein Handtuch ist bei Regenwetter einfach der perfekte Schal im Ölzeugkragen. Auch für den Fall, daß es salzig bis ins Gesicht gischtet, lagen stets einige Tücher bereit. Schließlich wuschen wir unsere Teller unterwegs mit kaltem Salzwasser ab, da süßes nun mal knapp war. Da wurde Abtrocknen zur letzten Reinigungsstufe, weshalb häufiger Geschirrtuchwechsel geboten war.

Die Unterbringung der Handtücher war freilich noch das geringste Stauproblem, das wir im Hamburger City-Sportboothafen zu bewältigen hatten. Bestimmt ein halbes Dutzend Autoladungen karrten wir aus unserer Wohnung heran – Kleider, Bücher, Werkzeuge, die wir über die Hafenpromenade schleppten und in Schapps und Backskisten unseres geräumigen Bootes versenkten. Als wir auch noch den Proviant dazugepackt hatten, war der hellblaue Zierstreifen am Wasserpaß, den wir in diesem Frühjahr höher als üblich an die Bordwand gepinselt hatten, im schmutzigen Elbwasser versunken. Wir hatten *Baal* fast überladen, dabei führte unsere erste Etappe nur

25 Seemeilen weit bis Glückstadt. Wie sollte das nur gehen, wenn wir erst den Atlantik überquerten?

»Heh, jemand an Bord?« Ein unternehmungslustiges Klopfen dröhnte gegen den Kajütaufbau, in dem Petra und ich immer noch in verschlafener Frühstücksrunde zusammensaßen. Schon erschien der erste Kopf im Niedergang.

»Ich dachte, ihr wollt heute auslaufen. Habt ihr etwa keine Lust?« Es war nicht zu überhören, unsere Freunde waren eingetroffen, um Abschied zu nehmen.

»Irgendwie kommen wir heute nicht in die Gänge«, antwortete Petra, »wollt ihr nicht auch erst mal einen Kaffee?«

Wir reichten Tassen raus und machten es uns im Cockpit gemütlich. Genauer: unsere Freunde machten es sich gemütlich. Petra und ich waren, da nun unsere morgendliche Lethargie durchbrochen war, plötzlich ungeduldig. Rutschten nervös auf den Cockpitbänken herum und hörten gar nicht richtig zu. Ich lief zwischendurch sogar übers Deck, um überflüssige Fender und Festmacherleinen einzusammeln und zählte die Minuten, bis endlich die Tide kenterte und wir mit dem Ebbstrom elbabwärts segeln könnten.

Es war einfach peinlich: Da waren an einem Montagmorgen ein Dutzend unserer Freunde extra früh am Hafen erschienen, um uns Lebewohl zu sagen, und wir behandelten sie wie lästige Hausierer. Johanna und Klaus hatten sogar ein Gedicht verfaßt, in Anlehnung an Bertold Brechts *Choral vom Großen Baal*, dem unser Boot seinen Namen verdankt. Zum Glück haben die beiden uns eine Abschrift überlassen, so daß wir diese poetische Spezialanfertigung später nachlesen und würdigen konnten. Von der Deklamation an unserem Abfahrtstag haben wir jedenfalls kaum etwas mitbekommen. Immerhin können wir bei Johanna und Klaus auf Verständnis für unsere Zerstreutheit hoffen. Die beiden sind bereits einmal um die Welt gesegelt und wissen deshalb, was einem am Abfahrtstag so alles durch den Kopf rauscht.

Als endlich das in solchen Fällen schickliche Quantum an Küßchen und guten Wünschen ausgeteilt war, warfen wir erleichtert Motor an und Leinen los. Doch schon nach wenigen Metern mußten wir das erste Rettungsmanöver fahren. Der Rettungsring war nicht ordentlich fixiert und fiel im kabbeligen Hafenwasser aus seiner Halterung. Ich benötigte drei Anläufe, bis Petra ihn mit dem Bootshaken wieder herausfischen konnte. Und das mir als ehemaligem Segellehrer. Nur gut, daß die *Cap San Diego,* das Hamburger Museumsschiff, unseren Freunden den Blick auf diese Peinlichkeit versperrte. Einige Meilen später überholte uns eine Katamaranfähre so knapp, daß ein kräftiger Wasserschwall Petra bis auf die Haut durchnäßte. Als sie schließlich mit trockenen Klamotten wieder im Cockpit erschien, sagte sie: »Irgendwie kriege ich langsam den Eindruck, daß auf unserer Fahrt nicht alles so glatt geht, wie wir uns das wünschen.«

Im Wartesaal der Weltmeere

Hamburg – Cuxhaven, 1. bis 5. Juni 1998

Doch von Problemen war zunächst nichts zu spüren. Wir hatten für unseren Start einen herrlichen Segeltag erwischt. Die Elbe rings um uns gluckste wie ein altes Waschweib. Kleine Wellen warfen unzählige Lachfalten auf ihr gutmütiges Antlitz, und alle Augenblicke bleckte sie die gelblichbraunen Schaumkrönchen zu einem altersschwachen Grinsen. Am Himmel über uns segelten die Schäfchenwolken mit den Yachten auf dem Fluß um die Wette. Einfach ideal zum Segeln – nur, daß wir nicht segelten. Petra saß an der Pinne und sagte: »Ich will nicht.« Und dabei blieb sie, auch als ich anbot, die Segel allein zu setzen und sämtliche Manöver einhand zu fahren.

»Mir ist lieber, du bleibst gemütlich neben mir sitzen und läßt mich weiter motoren. Segeln ist mir heute zu hektisch.« Ich fand das ja eine eigenartige Einstellung für jemanden, der gerade ins große Segel-Abenteuer startete. Aber weil es gleichzeitig der Beginn unserer Hochzeitsreise war, ließ ich sie gewähren.

Und nachdem ich jedem seglerischen Ehrgeiz entsagt hatte, mußte ich zugeben, daß es schön war, so gemächlich über den Fluß zu tuckern. Wir tranken Kaffee, aßen Kuchen und freuten uns an der wunderschönen Unterelb-

Landschaft, die wir noch gar nicht kannten. In unseren zwei norddeutschen Jahren seit dem Umzug aus Frankfurt waren wir in unserer Freizeit stets an die Ostsee gefahren und hatten gar nicht gewußt, wie abwechslungsreich die Unterelbe ist. Zunächst die fast mediterranen Hügel von Blankenese, später weite Blicke über flaches Land: mal ruhiges Gewässer mit zahlreichen Inseln und hinter der nächsten Biegung schon ein breiter Strom, auf dem in diesiger Luft riesige Containerschiffe fernen Zielen entgegenschwebten.

Urlaub von Anfang an: Das hatten wir uns vorgenommen und damit gegen eine Alternative entschieden, die viele deutsche Langfahrtsegler wählen. Sie versuchen die heimischen Gewässer so bald wie möglich hinter sich zu bringen, damit sie schneller in den Süden gelangen. Dafür segeln sie in einem Rutsch über Nordsee und Kanal bis England, von wo aus ein weiterer Schlag über die Biskaya nach Spanien führt. Sie schaffen also in zwei Wochen, wofür wir zwei Monate veranschlagten. Und während wir uns noch mit den Wetterunbilden der Nordsee herumschlugen, saßen sie bereits in der Sonne und trinken Rioja. Aber sie erkauften das mit 1000 Meilen Streß, verpaßten Erlebnissen und ermüdendem Vorwärtspeitschen ihres Bootes.

Als wir nach Cuxhaven einliefen und graue Wolken am Westhimmel das Ende der wochenlangen Schönwetterperiode ankündigten, beglückwünschten wir uns zu unserer gemütlichen Einstellung. Unsere Stegnachbarn, Max und Sohn aus Dänemark, gehörten zur schnellen Sorte und wollten mit nur zwei Stopps die Kanaren erreichen. Aber trotz aller Eile konnten auch sie im Vorfeld des anrückenden Tiefs nicht weiter. Jetzt saßen sie händeringend in *Baals* Cockpit und lauschten gemeinsam mit uns einem

Cuxhavener Elbsegler (was sein Heimatrevier ebenso beschreibt wie seine Kopfbedeckung), der mit einer Dose Bier in der Hand auf dem Steg stand und uns voller Behagen die Schrecken der Flußmündung bei Weststurm ausmalte. Wenn man dem guten Mann glauben konnte, und die Seehandbücher gaben ihm ja recht, steht schon ab fünf Beaufort eine üble Welle, sobald der Flutstrom gegen den Westwind drückt. Bei acht, die der Wetterbericht ankündigte, würde die See mörderisch sein.

Max war trotzdem kaum zu bremsen. Der 51jährige hatte alles Geld in Boot und Reise investiert. Dabei ging es ihm weniger um die Tour an sich als um seinen 22jährigen Sohn Jens aus erster Ehe, der von ihm getrennt aufgewachsen war. Das intensive Zusammenleben auf See sollte das enge Verhältnis zwischen beiden schaffen, das aufzubauen sie in den vergangenen Jahrzehnten versäumt hatten.

Große Segelerfahrung hatte Max nicht, aber viele Bücher gelesen und außerdem Freundschaft geschlossen mit einem über 70jährigen, der zweimal in einem nur 5,50 Meter langen Boot die Welt umrundet hatte.

»Nicht die Boote, sondern die Menschen sind auf dem Ozean entscheidend«, resümierte der alte Fahrensmann nach der Rückkehr von seinen Reisen. Max hat das so beeindruckt, daß er sich mit einem Acht-Meter-Boot auf den Weg machte. Die 2,50 Meter Überlänge im Vergleich zum Gefährt seines Mentors betrachtete er dabei als Konzession an seinen Sohn, der noch nie auf einem Segelboot gewesen war und diese Erfahrung nach eigenem Eingeständnis auch nicht besonders vermißt hatte. Nun aber sei er Feuer und Flamme für das Familienabenteuer, auch wenn er nicht einmal wisse, ob er etwa zur Seekrankheit neige. Wir trösteten ihn, daß er schon bald ausreichend Gelegenheit habe, dies herauszufinden.

Im übrigen machte ihr Boot, so klein es war, einen zuverlässigen Eindruck, und nicht nur der Mast war stärker dimensioniert, als dies auf unserer *Baal* der Fall war. Trotzdem hätten wir nicht tauschen mögen. Denn unter Deck herrschte drangvolle Enge. Vater und Sohn wollten nun für etliche Monate in einem drei mal 2,50 Meter großen Raum schlafen, kochen und sich waschen, dessen Höhe nur zum gebückten Stehen ausreichte. Zudem flogen überall Kleider und Ausrüstungsgegenstände herum, was am fehlenden Stauraum, an Max' Neigung zu Großeinkäufen in Yachtläden und, wie Jens so schön sagte, »allgemeiner Männerwirtschaft« lag. Petra jedenfalls erinnerte die Kajüte an mein Zimmer in unserer früheren Frankfurter Wohngemeinschaft, und niemand, der mich damals besucht hatte, hätte das als Kompliment aufgefaßt.

Unsere *Baal* ist zwar nur einen Meter länger, aber irgendwie machte das eine Menge aus. Wir hatten zwei getrennte Kabinen plus – Luxus pur – ein separates Klo. Vorne im Bug war unser Schlafzimmer, das eigentlich nur aus einem Bett bestand. Am Kopfende war es 1,80 Meter breit, bei den Füßen schiffsformbedingt nur 40 Zentimeter. Das ist längst nicht so unbequem, wie es klingt, vor allem wenn man auf Hochzeitsreise ist. In der Hauptkajüte, die wir mondän als »Salon« bezeichneten, gab es noch ein Bett, die sogenannte Hundekoje, eine Sitzgruppe mit Tisch und zwei Bänken sowie die Pantry, eine Küchenzeile mit Waschbecken und Petroleumkocher. Was jedoch den größten Unterschied zu Max' Boot ausmachte: Wir hatten jede Menge Backskisten, Schapps und Schränke, die wir mit Kleidern, Nahrungsmitteln, Werkzeug und Ausrüstungsgegenständen vollstopfen konnten. Die oberflächliche Ordnung brach freilich sofort zusammen, sobald man etwas suchte oder irgendwo dran mußte. Schon am nächsten Tag notierte Petra in ihr Tagebuch: »Das Chaos bei uns an Bord macht mich aggressiv. Überall fliegt Werkzeug rum, überall stößt man sich. Ich bin völlig entnervt, will, daß die Sonne scheint, daß wir keine Kraftaktionen mehr tätigen müssen.«

Der Anlaß für den Ausbruch war scheinbar eine Kleinigkeit: ein verstopfter Cockpitabfluß. Auf See sind freie Abflüsse jedoch äußerst wichtig. Wenn bei schwerem Wetter Brecher übers Boot schlagen und das Cockpit, jene badewannenartige Vertiefung im Deck, in der man während des Segelns sitzt, füllen, muß das Wasser schnell ablaufen, weil sonst das Gewicht die Seetüchtigkeit beeinträchtigt. Ich hatte vor dem Start unserer Reise alle Seeventile erneuert, nur die an den Cockpit-Abflüssen nicht. Sie waren beim Bau des Bootes zuerst hereingeschraubt worden. Und erst danach laminierte die Werft die Schott-Wände so dicht neben die Ventile, daß die sich nicht mehr rausdrehen ließen. Als ich von der Cuxhavener Hafenmole auf die stürmische Nordsee hinausschaute, hielt ich es für eine gute Idee, die 20 Jahre alten Cockpit-Seeventile noch einmal zu überprüfen. Beide ließen sich schließen – aber nur eines wieder öffnen.

Eigentlich benötigt man für die Reparatur eines solchen Schadens einen Kran, der *Baal* aus dem Wasser hebt. Der Hafenmeister machte jedoch einen Vorschlag, auf den wir Ostsee- und Mittelmeersegler gar nicht gekommen waren: »Nutzt die Tide und laßt euch trockenfallen.« Im Hafenbecken zeigte er uns zwei Pfähle, die extra für solche Fälle ins Wasser gerammt worden waren.

Also motorten wir bei Flut zu den Pfählen und machten so fest, daß *Baal* angelehnt auf dem Kiel stehen würde, sobald das Wasser abgelaufen war. Damit die Yacht nicht nach vorne oder achtern kippte, während wir auf Deck herumliefen, brachten wir Bug- und Heckanker aus. Um an die Seeventile zu kommen, mußte ich in eine Backskiste kriechen, wo ich mit Hammer, Beitel, Bohrern begann, die Schotten rings um die Lenzrohre wegzuschlagen. Wo ich nun einmal dabei war, wollte ich alle beide Ventile austauschen. Das mußte freilich schnell gehen, da die Lenzöffnung im Rumpf zwischen niedrigster Ebbe und beginnender Flut nur wenige Minuten aus dem Wasser war. Petra stieg ins Beiboot und versuchte mit einem schweren Schraubenschlüssel von außen, die Borddurchlässe am Durchdrehen zu hindern, während ich innen die Ventile abschrauben wollte. Vergebens, sie saßen bombenfest, obwohl wir probierten, bis ich durch die Bordwand nicht mehr nur Fluchen, Kratzen (der Schraubenschlüssel rutsche ab) und Pochen (Petras Kopf knallte im Takt der Wellen gegen den Rumpf) hörte, sondern auch den Ruf: »Das Wasser steigt wieder, ich komm nicht mehr dran!«

Und nun? Absägen, schoß mir durch den Kopf. Das Gewinde des Borddurchlasses würde immer noch ausreichen, die neuen Seeventile aufzudrehen. Beim ersten klappte das prima, aber beim zweiten brach auf halber Strecke durchs Lenzrohr das Sägeblatt der Eisensäge, die ich in der Hektik wohl verkantete.

»Petra, wo sind die Ersatzsägeblätter?« schrie ich. Doch meine Frau war gerade naß und zerschlagen von ihrem Außenbord-Einsatz zurück und hatte kein Verständnis für dumme Fragen.

»Wenn du in deinem Werkzeugkasten Ordnung hieltest, wüßtest du das selber.« Und so gönnten wir uns – während ich auf der Suche nach den Sägeblättern erst alles Werkzeug und dann auch noch die verschiedenen

Schraubensortimente auf den Kajütboden ausleerte, während durch den Schlitz im Lenzrohr jeden Moment der blanke Hans einsteigen konnte – den ersten Krach unserer noch jungen Ehe. Was andererseits ein Glück war, denn wohl nur dank der Wut im Bauch gelang es mir, mit einem zufällig entdeckten, alten, stumpfen und verrosteten Blatt das Rohr durchzusägen und das Ventil rechtzeitig aufzuschrauben. Als ich es probeweise kurz öffnete, bevor ich im letzten Arbeitsschritt die Schläuche anschloß, schoß das Wasser bereits wie aus einem Feuerwehrschlauch heraus.

Nachdem wir wieder glücklich am Liegeplatz waren, entschuldigte ich mich in aller Form bei Petra. Denn wieso sollte sie wissen, wohin ich die Sägeblätter gepackt hatte, vor allem, da ich offensichtlich vergessen hatte, überhaupt welche zu kaufen. Allerdings mußte sie zugeben, daß meine Unordentlichkeit auch ihre Vorteile hat. Sonst wäre nämlich das verbrauchte Sägeblatt, das uns rettete, längst im Müll gelandet. Solchermaßen versöhnt feierten wir mit zwei Flaschen lauwarmem Bier, daß wir gerade noch einem der wohl dämlichsten Schiffsunglücke der Seefahrtgeschichte entronnen sind. Durch das angesägte Lenzrohr wäre bis zur nächsten Ebbe zwölf Stunden lang Wasser ins Boot gespritzt, und wir hätten mitten im Hafen von Cuxhaven um unser Leben pumpen müssen, damit *Baal* nicht gerade mal zehn Meter von der Kurpromenade entfernt jämmerlich absäuft.

Am nächsten Tag kam die Wetteränderung, die freilich nur Max glücklich machen konnte. Der Wind ging auf Ost herum, blieb aber so stark wie gehabt. Wir hatten uns mit meiner Schwester und ihrer Familie auf Spiekeroog verabredet. Doch das Seehandbuch warnt eindrücklich davor, bei den angekündigten sieben Beaufort die Passage über die Untiefen zwischen den ostfriesischen Inseln hindurch zu wagen. Aber noch länger in Cuxhaven bleiben, bis der Wind womöglich wieder auf West schwenkt? Keine Frage. Morgen würden wir auslaufen, bei handigem Wetter nach Spiekeroog, sonst eben nach Helgoland, wo man immer hin kann.

Abschiedsbesuch von Max, der nun, da er endlich los konnte, erstaunlich kleinlaut war. Von England in einem Rutsch war keine Rede mehr, statt dessen plante er, mit einer Nachtfahrt nach Borkum zu gelangen. Als wir verrieten, daß die Insel noch deutsch ist und nicht schon holländisch, wie er dachte, war er zwar enttäuscht, mochte aber seine Ziele trotzdem nicht weiter stecken. Ich mußte ihn sogar beruhigen, daß nicht bereits dieser Törn bei den herrschenden Wetterbedingungen zu gewagt wäre. Kein Anlaß für Spott: Wenn der Himmel selbst mittags schieferfarben dräut, das Meer tobt und eine kalte, mondlose Nacht bevorsteht, kann einem schon mal die Lust am Abenteuer vergehen. Uns passierte das ständig, und daß Max entgegen dem ersten Anschein aus gleichem Holz geschnitzt ist, machte ihn uns nur sympathischer. Als Jens und er mit dicht gerefften Segeln ausliefen, sahen wir sie zum letzten Mal. Und obwohl wir uns immer wieder bei anderen dänischen Crews nach den beiden erkundigten, ließ sich nicht in Erfahrung bringen, wie das Vater-Sohn-Experiment ausgegangen war.

Im übrigen blieb die Diskussion über die Gefahren der Seefahrt auch auf uns nicht ohne Auswirkung. Nachts weckte mich Petra und sagte, sie habe Angst vor der Nordsee und könne deswegen nicht schlafen. Und während die Takelage im Wind rüttelte und der Regen aufs Deck klatschte, schworen wir uns, in unserem Segeljahr niemals Risiken einzugehen und im Zweifelsfall stets im

Hafen zu bleiben. Da wußten wir natürlich noch nicht, daß wir es mit so einer Einstellung höchstens bis nach England und zurück geschafft hätten.

Einmal Helgoland und zurück

Cuxhaven – Spiekeroog,
5. bis 10. Juni 1998

Am Morgen sah die Welt ohnehin wieder anders aus. Es hatte aufgeklart und auf etwa fünf Windstärken aus Ost abgeflaut. Wir schmierten uns Butterbrote und starteten mittags Richtung Helgoland. Es wurde eine richtig nette Segelpartie. Unter Motor überquerten wir das Fahrwasser, dann rollten wir unser schönes neues Vorsegel aus, stoppten die Maschine und schossen, angetrieben von Ebbstrom und tüchtiger Brise, am Tonnenstrich entlang gen offene See. Das war fast wie Autokino: Von den ausladenden Sandbänken der Elbmündung geschützt, hatten wir keinerlei Wellengang, daß wir sogar unsere Kaffeetassen unbeaufsichtigt stehen lassen konnten. Und während wir gemütlich so dasaßen, lief um uns herum der Film von der Seefahrt: zwei auslaufende Frachter mit exotischen Heimathäfen, deren bunte Container in der Sonne glitzerten; voraus ein Fischer, von Möwen umkreist; und steuerbord, auf dem Großen Vogelsand, ein halb versunkenes Wrack – zur Erinnerung, daß es nicht immer so glatt läuft.

Als wir den Schiffahrtsweg verließen, briste es ziemlich auf, aber da war voraus schon der Doppelfelsen von Helgoland zu sehen. So schnell, noch dazu mit nur einem Segel, waren wir noch nie unterwegs gewesen: 34,5 Seemeilen in nur sechs Stunden – eine Durchschnittsgeschwindigkeit von 5,75 Knoten, mehr als zehn Stundenkilometer. Wahnsinn, dieser Speed, auch wenn die starke Strömung natürlich kräftig mitgeholfen hatte. Und selbst der Seegang, der sich mächtig türmte, seit wir in freies Wasser gerieten, trieb uns voran. *Baal* glitt in einem Schaumbad aus Gischt die Wellenberge hinunter, und doch gelangte kein Spritzer ins Cockpit. Mit einem Lifebelt gesichert, turnte Petra an Deck herum und versuchte, die Wogen im Foto festzuhalten – ein Ausdruck ihrer Hochstimmung, denn normalerweise kann keine Macht der Welt Petra bei Seegang aus dem schützenden Cockpit herauslocken.

Die gute Laune beflügelte auch unser Anlegemanöver, das gar nicht so einfach war, weil uns mittlerweile sieben Beaufort in die Parade fuhren. Ja, wir legten sogar ohne Diskussion wieder ab, weil unser Nachbar im Päckchen meinte, wir sollten wegen des enormen Winddrucks auf die zusammengeschnürten Yachten zur Entlastung eine Leine zu einer Boje in Luv ausbringen. Die Boje steuerten wir an, wie wir alle Manöver fahren: Petra an Pinne und Schaltknüppel; ich als Deckshand, die Fender schwingt, Leinen wirft und Mutsprünge vollführt.

Aus irgendeinem Grund machen das die meisten Paarcrews andersherum: Er steht am Steuer und brüllt, während sie übers Deck stolpert und mit panisch aufgerissenen Augen versucht, die Befehle ihres Meisters auszuführen. Solch unerfreuliche Schauspiele haben natürlich mit Machotum zu tun, vor allem aber mit, in unseren Augen, falschen Schlüssen aus der ungleichen Qualifikation an Bord. Wir haben zwar unterwegs auch zwei, drei Skipperinnen getroffen, aber in fast allen anderen Fällen hatte bei segelnden Paaren, weiß der Henker wieso, der Mann die größere Erfahrung. Also nimmt er in kritischen Situationen das Ruder in die Hand. Und übersieht, daß er sich selbst gerade matt gesetzt hat. Denn am Steuer hat er es zwar bequem, muß nur den Gashebel befingern, das Rad drehen oder die Pinne legen, aber wenn die Partnerin sich nicht traut, mit Festmacherleine anderthalb Meter weit und einen Meter hoch auf die Kaimauer zu springen, ist das Anlegemanöver mißlungen. Besser, wenn der hüpft, der die längeren Beine hat, und der sich vom Nachbarboot freihält, der fester drücken kann. Vor allem aber hat der Skipper vom Vorschiff aus einen besseren Überblick, als wenn er selbst hinterm Steuer klemmt, und kann deshalb präziser anweisen: »Backbordruder, recht so, Leerlauf, Steuerbordruder, halb zurück, Leerlauf, alles klar!« Jedenfalls bis sie ihn des Kommandos enthebt, weil sie ohne sein Gequatsche längst besser klar kommt.

Die Rollen so verteilt, vertäuten wir uns an der Boje und fuhren rückwärts zurück ins Päckchen, in dem längs der Hafenmole bereits vier andere Yachten aneinander festgemacht hatten. Bei unserm Nachbarn, der uns eben zur Boje geschickt hatte, wehte der gleiche Club-Stander wie auf *Baal*. Und weil er der erste Vereinskamerad war, den wir trafen, luden wir ihn zum Bier ein. Daß sich zumindest in Deutschland viele Mitglieder von *Trans-Ocean* nicht kennen, liegt an der Struktur des Clubs: In ihm sind meist Langfahrtsegler organisiert, die über alle sieben Meere verteilt leben. Wir waren dem illustren Kreis kurz vor dem Start aus profanen Gründen beigetreten: wegen der billigeren Boots- und Auslandskrankenversicherung.

Nun also unser erster *Trans-Oceaner*: Hans der Name,

71 das Alter, *Ingrid* das Boot, schlecht die Laune. Hans hatte die Fünf-Tage-Wettervorhersage abgehört: Nichts als Sturm und Regen aus West.

»Wir sind auf Helgoland gestrandet«, klagte er. Schon wieder! Bereits vor sechs Jahren sei er, endlich Rentner, Richtung Süden gestartet und hier eingeweht worden. »Nach zwei Wochen hatte ich dann keine Lust mehr und bin zurück nach Hamburg.« Droht nun eine Neuauflage des Desasters?

»Ach was, wird schon klappen«, tröstete Petra mit allem Optimismus, zu dem wir uns nach 30 erfolgreich absolvierten Seemeilen (bei 12 000 noch ausstehenden) berechtigt fühlten. Wir hatten ohnehin den Eindruck, daß Hans das Bootebauen mehr Spaß machte als das Bootfahren. Als wir sein supergepflegtes Stahlschiff lobten, lebte er sichtlich auf und erzählte, wie er die gesamte Yacht vom Kiel bis zum Flaggenknopf selbst baute, da keine Werft seinen pingeligen Maßstäben genügte. Den Fäkalientank stellte er aus Titan her, weil ihm Edelstahl für den Verwendungszweck nicht gut genug war. Vielleicht sollten wir Hans wünschen, daß auch diesmal aus der großen Fahrt nichts wird, damit er in Ruhe weiter seine *Ingrid* vervollkommnen kann.

Für uns wäre das freilich nicht so angenehm. Denn wenn die Wetterlage sich nicht ändert, fiele der Verwandtenbesuch auf Spiekeroog flach, auf den wir uns schon freuten. Aber wir wollten ja kein Risiko mehr eingehen, und bei stürmischen Winden in die Otzumer Balje einzulaufen, wie die untiefenreiche Fahrrinne nach Spiekeroog heißt, wäre zweifellos eines. Dafür hätten wir alle Zeit der Welt, Helgoland zu erkunden. Unser erster Landgang am nächsten Morgen diente allerdings der Fahndung nach einer warmen Dusche. Wir hatten schon gehört, daß die am Hafen sehr teuer sei und suchten deshalb das Kurbad auf der anderen Inselseite auf. Denn Segler gelten neuerdings auf Helgoland als Kurgäste und müssen die entsprechende Taxe zahlen, was wenigstens zum verbilligten Hallenbadeintritt berechtigt. Doch auf der touristenverwöhnten Insel ist billig ein relativer Begriff, und so hätte die Dusche uns acht Mark pro Person gekostet. Da wuschen wir uns doch lieber im Hafen, wo man sich für sechs Mark einseifen kann.

Als Petra, Kulturbeutel unterm Arm und Handtuch um die Schultern, aus der Dusche wieder ins Freie trat, fragte sie: »Wo ist eigentlich der Sturm?« Ja, wo? Laut Wetterbericht hätte inzwischen starker Westwind über die Insel fegen müssen, nachdem es gestern noch aus Ost geblasen hatte. Statt dessen war es flau und neblig.

»Ich frag mal nach!« verkündete ich, übergab Petra mein Badezeug und marschierte zur Wetterstation. Auf Helgoland gibt es eine Dependance des Deutschen Wetterdienstes, in der erfreulicherweise tatsächlich jemand Dienst schob. Als ich ihn um die aktuelle Vorhersage bat, zog er zwischen Papierstapeln einen Zettel heraus und las mir die auch im Radio verbreitete Mär vom Weststurm vor. Erst auf meinen Einwand hin, daß sich das Wetter offenbar nicht an seine Anweisungen halte, stand er vom Schreibtisch auf, blickte einen Moment ratlos auf die ölige Nordsee und erklärte dann: »Da muß ich wohl mal in Hamburg anrufen.«

Kaum war die Verbindung hergestellt, übergab er mir den Hörer, und ich hatte den diensthabenden Meteorologen der Törnberatung am Ohr. Bevor ich mich jedoch nach dem verschollenen Sturm erkundigen konnte, fragte er, ob ich beim Wetterdienst ein Konto habe.

»Nein. Aber wir wollen nach Spiekeroog segeln, und

da kann man nur einlaufen, wenn's nicht mehr als fünf Windstärken ...«

Der Meteorologe unterbrach mich: »Es handelt sich also um einen Notfall?«

»Was? Nun, äh, ja genau, ein Notfall!« Wenn das so sei, könne er mir auch mal ohne Konto Auskunft geben. Und berichtete mir von einem »Wetterfenster« in unserem Seegebiet, das bis zum Abend offen sei. Ich sagte dem Meteorologen, daß wir für die Strecke voraussichtlich sechs Stunden benötigten, also am späten Nachmittag vor Spiekeroog stünden.

»Dann ist es möglich, daß eine Gewitterfront Sie erwischt, aber vielleicht schaffen Sie es ja vorher.«

Zurück an Bord nahmen Petra und ich eine Risikoabwägung vor: Wegen Gewitter und späterem Sturm bleiben und gemeinsam mit Hans fünf Tage lang unser Los beklagen? Oder unverzüglich los und aufs Beste hoffen? Wir entschieden uns für die Abreise, aber nicht sofort. Petra bestand darauf, daß wir die Mittagspause des Hafenmeisters abwarteten, weil wir dem wegen der schlechten Wettervorhersage bereits die Liegegebühren für fünf Tage im voraus gezahlt hatten. Und tatsächlich gelang es ihr, einen Teil des Geldes zurückzubekommen. Lediglich der Kurtaxenanteil der Hafengebühr war futsch.

Auf der Überfahrt nach Spiekeroog wünschten wir uns zum ersten von bestimmt 100 Malen auf dieser Reise ein Radargerät. Kaum hatten wir Helgoland verlassen, verdichtete sich der Nebel, daß die Welt aussah, als ob ich meine Brille aufzusetzen vergessen hätte. Wir wußten, daß direkt Steuerbord von uns zwei große Schiffahrtswege endeten, aber wir sahen nichts und wegen unseres Motors hörten wir auch nichts. Früher einmal wäre die Navigation unter solchen Bedingungen ziemlich knifflig gewesen. Wir mußten nur den Angaben unseres GPS folgen, das uns satellitengestützt durch Nebel und wechselnde Strömungen direkt vor die Otzumer Balje führte. Bei der herrschenden Windstille wirkte das tückische Fahrwasser harmlos wie ein Ententeich.

Im Hafen von Spiekeroog, der gleich um die Südwestecke der Insel lag, löste unser Erscheinen ziemliche Verwunderung aus, als wir dick in Ölzeug vermummt unsere *Baal* in einer freien Box festmachten. Alle liefen hier nämlich in Badehose und Bikini herum und schwärmten vom wunderschönen Sonnenwetter. Wir hingegen hatten bis kurz vor der Küste im Seenebel gefroren – ein Wetterphänomen, das im Frühsommer häufiger auftritt, wenn relativ feuchte Luft auf das noch recht kühle Meerwasser trifft. Unsere Aufmachung erwies sich indes als prophetisch. Kaum waren alle Leinen fest, als sich eine amboßförmige Gewitterwolke vor den spektakulär rotpurpurnen Sonnenuntergang schob. Und bald brach ein Unwetter mit Sturm, Blitz und Hagel los, dessen Folgeschäden noch Tage später die Hauptmeldung in den Nachrichten lieferte.

Und so ging das immer weiter. Regen, Regen, Regen. Auf der Insel wanderten wir fast nur in Ölzeug und Gummistiefeln umher, und auch die geplanten Bootsausflüge mit der Familie fielen ins Wasser. Erst am Abfahrtstag besserte sich das Wetter, und so konnten uns meine Schwester Eva, ihr Mann Walter und die beiden kleinen Mädchen Charlotte und Theresa im Sonnenschein verabschieden. Von Land aus mit der Videokamera gefilmt, lösten wir die Leinen, winkten noch ein letztes Mal und motorten Richtung Süden.

Wir kamen keine zehn Meter weit. Plötzlich schrillte ein Warnton, und ein rotes Lämpchen am Armaturenbrett zeigte an: Maschine heiß gelaufen. Um das teure Stück vor Schaden zu bewahren, stoppte Petra sofort den Motor, und ich sprintete aufs Vordeck und ließ den Anker fallen, damit der Wind uns nicht in die Uferböschung treibt. Die Drift stoppte so knapp vor dem Ufer, daß ich problemlos eine Leine rüberreichen konnte. Walter marschierte mit ihr auf den Bootssteg, der von uns gesehen genau in Windrichtung lag. Er mußte deshalb nur ein Ende der Leine, die aus schwimmfähigen Material bestand, ins Wasser werfen und treiben lassen. Das Tau landete genau vor dem Bug des Havaristen, und wir konnten uns in Sicherheit ziehen.

Eine Inspektion des Motors zeigte: Schon wieder ein verstopftes Seeventil. Diesmal hatte es die Kühlwasserzuleitung erwischt, die durch den Schiffsboden zum Motor führt. Als ich den Schlauch abnahm, kam selbst bei geöffnetem Ventil kein Wasser ins Boot, dafür hing irgendein durchsichtiger Glibber heraus. Ich mußte nicht lange überlegen, was das war: eine Qualle, denn die schwammen hier überall im Hafenbecken herum. Diejenige, deren sterbliche Überreste ich aus dem Ventil pulte, hatte indes keinen schönen Tod erlitten. Der Ansaugstutzen der Kühlwasserleitung ist vergittert. Das arme Tier sah aus, als wäre es durch eine Spaghetti-Maschine gepreßt worden. Womöglich hatte es sogar einen ganzen Schwarm dahingerafft. Jedenfalls verstopften Quallenstücke sämtliche Leitungen bis hin zum Motorblock. In der Kühlwasserpumpe hatte sie der Gummiimpeller zu eine Art Baiser verquirlt. Bis ich die Schweinerei beseitigt hatte, war die günstige Tide verpaßt. Wir mußten unsere erste Wattfahrt auf den nächsten Tag verschieben.

Übers Watt und in die Kanäle

Spiekeroog – Blankenberge (Belgien),
11. Juni bis 1. Juli 1998

Beim zweiten Mal klappte der Abschied von Spiekeroog ohne Probleme, aber auch ohne großen Bahnhof. Ich hatte während des Frühstücks ausgerechnet, daß wir es durchs Watt sogar bis Baltrum, die übernächste der ostfriesischen Inseln schaffen könnten, wenn wir bereits zwei Stunden vor Hochwasser ausliefen. Also mußte ein schneller Handyanruf bei meiner Schwester vor dem Ablegen die Winkorgie ersetzen. Aber an diesem erst zweiten schönen Tag ihres Urlaubs war ihre Familie am Strand ohnehin besser aufgehoben, zumal das nächste Treffen schon für November auf den Kanaren geplant war.

Vor der Wattfahrt hatten wir zunächst großen Respekt. Denn als nicht an Gezeiten gewöhnte Segler waren uns Gewässer, in denen plötzlich das Wasser weg ist, nun mal suspekt. Andererseits dachten wir uns das Naturschauspiel dieser amphibischen Landschaft als einen ersten Höhepunkt unseres Segeljahres. Offenes Meer würden wir im weiteren Verlauf der Reise schließlich noch oft genug zu sehen bekommen. Die anhaltende Westwind-Wetterlage hätte das Vorankommen auf der freien Nordsee ohnehin ziemlich mühsam gemacht. Bis England nur gegen

Wind und Wellen ankreuzen – nein danke, dann doch lieber hinter schützenden Inseln über den Schlick rutschen.

Zumal die Navigation dann so schwierig auch wieder nicht war, wenn man nur sorgfältig vorging. Fixpunkt aller Planungen ist das Wattenhoch, die flachste Stelle im Fahrwasser. Wo sie liegt, steht in der Karte und im Handbuch. Und mit Hilfe des Tidenkalenders ließ sich minutengenau ausrechnen, wie lange dort genügend Wasser für die Passage vorhanden wäre. Wir brauchten also lediglich die Strecke so einzuteilen, daß wir zur rechten Zeit die neuralgischen Punkte erreichten.

Dafür mußten wir sie überhaupt erst einmal finden. Bei Ebbe wäre das ziemlich einfach. Die Fahrrinnen sind dann als Bächlein zwischen trockengefallenen Sanddünen unzweideutig auszumachen. Aber nur bei Flut ist es tief genug für die Schiffahrt, doch da ist auch das Watt überspült, und alles sieht gleich aus. Orientierung bieten die Pricken, dünne Birkenstämme mit schütterem Geäst, die längs der Fahrrinnen ins Watt gesteckt werden. So ein Baum in der Wasserwüste müßte eigentlich ins Auge springen, hatten wir uns gedacht, als wir aus Spiekeroog ausliefen. Aber Pustekuchen: Trotz guter Sicht und starkem Fernglas hätten wir uns verfranzt, wenn ich nicht vor dem Ablegen schon mal einige Kurse und Distanzen unserer Route aufgeschrieben hätte. Deshalb ging es anschließend auch nur noch mit perfekter Liste ins Watt: 0,5 Seemeilen auf Kurs 283 bis zu einer kleinen roten Tonne, 1,3 Seemeilen auf Kurs 186 zur ersten Pricke, 0,2 Seemeilen auf Kurs 315 zur nächsten – und so weiter, und so fort, wenn nötig seitenlang.

Wer nun denkt, die Wattsegelei sei nur ein Vergnügen für Leute, denen auch das Aufstellen ihrer Steuererklärung Spaß macht, der irrt. Sobald die »Buchhaltung«

stimmt, kann man sich ganz auf die Natur konzentrieren. Kaum aus dem Hafen, kreuzte ein Schweinswal unseren Weg. Das sind die einzigen Wale, die auch in deutschen Gewässern leben, inzwischen jedoch durch Überfischung und Vergiftung in ihrem Bestand gefährdet. Verglichen mit den Meeressäugern, die wir später treffen sollten, machte der kleine Wal optisch nicht viel her: ein andert- halb Meter langer, grauschwarzer Rücken mit kleiner Flosse, der ein paar Mal an der Oberfläche auftauchte, bis er aus unserem Blickfeld verschwand. Keine Neugier, keine Verspieltheit wie bei den Delphinen, denen wir in südlichen Gefilden begegneten. Wäre das Wasser im ge- schützten Watt nicht so glatt, hätten wir ihn womöglich ganz und gar übersehen.

Interessanter waren da schon die Seehunde, die auf einer Sandbank westlich von Langeoog lagerten. Einige von ihnen tauchten direkt in unserem Fahrwasser auf, streckten den Kopf hervor und beobachteten mit ihren großen Kulleraugen, wie wir in wenigen Metern Abstand an ihnen vorbeituckerten. Von Scheu oder Angst keine Spur, sicher ein Erfolg des Schutzes, den die Seehunde im Wattenmeer genießen.

Seevögel sahen wir auch jede Menge und hatten dafür sogar ein Bestimmungsbuch dabei, doch war der Erfolg unserer ornithologischen Bemühungen bescheiden. Je nach Licht und Stimmungslage glich in unseren Augen je- der Vogel jedem Abbild oder aber keiner keinem. Wir mochten schließlich das Bestimmungsbuch gar nicht mehr zu Rate ziehen und teilten das Federvieh nach eige- nem Gutdünken in Möwe, Seeschwalbe, Ente, Taucher und »noch so'n blöder Vogel« ein.

Unsere Wattfahrten hatten etwas von der Stimmung eines gemütlichen Abends am Kamin, während es draußen stürmt und schneit. Ganz nahe tobten die Unwetter, aber sie trafen einen nicht, und man fühlte sich deswegen um so behaglicher. Die Etappe nach Baltrum begann zwar freundlich, doch bald schon zog es zu und briste auf. Aber während der Schlagregen von vorne über uns hinwegfegte, kuschelten wir uns unter das Spritzverdeck, tranken Tee, und nur die Hand an der Pinne wurde naß. Trotz des rauhen Wetters motorten wir, an Segeln war wegen des beständigen Gegenwindes und der engen Fahrwasser meist nicht zu denken, ruhig voran. Und immer wenn unser Weg nahe an den Sandbänken vorbeiführte, hinter denen die offene Nordsee furios schäumte, dachten wir mit wohligem Schauer, wie schlimm es auch sein könnte.

Freilich genossen wir beide die Woche im Watt nicht im gleichen Maße. Navigation, auch in so einem abwechslungsreichen Revier, gehörte nun mal nicht zu Petras Steckenpferden. Und während ich mich an den unendlichen Schattierungen von Grau begeisterte, die der kargen Wasserlandschaft in diesem kalten, sonnenvergessenen norddeutschen Juni 1998 die Anmutung einer Bleistiftradierung gaben, beichtete meine Frau dem Tagebuch: »Dieses elende Wetter nervt kolossal. Unser ganzer Vorrat an warmer Kleidung ist praktisch erschöpft. Ich will endlich in den Süden.«

Doch das dauert im Watt. Die Fahrwasser winden sich in zeitraubenden Schlangenlinien durch den Schlick, und nach wenigen Stunden war ohnehin Schluß, weil die Wassertiefen zur Weiterfahrt nicht mehr ausreichten. Ursprünglich wollte ich auch mal in abgelegenen Prielen mitten im Watt ankern. Doch ist dies inzwischen an etlichen Stellen aus Naturschutzgründen verboten. Petra erklärte zudem kategorisch, daß sie keine Lust habe, ihre

Nächte einsam in verregneten Matschgebirgen zu fristen. Also steuerten wir die Inseln an, machten, dick in Ölzeug verpackt, die obligaten Landspaziergänge und gingen abends früh in die Falle. Genau einen Monat nach unserer Hochzeit: im Bett mit Petra – in Frotteestrümpfen, schlabbriger Skiunterwäsche aus dem Tschibo-Sonderangebot und Wollmütze. Aus dem Fensterrahmen an Backbordseite tropfte der Regen durch. Das hatten wir uns anders vorgestellt.

Doch je westlicher wir kamen, desto sonniger wurde es. Auf Norderney wagten wir uns erstmals seit langer Zeit wieder ohne Ölzeug vom Boot. Und im malerischen Hafen von Greetsiel an der ostfriesischen Festlandküste kauften wir das erste Speiseeis unserer Reise. Nur der Wind blies mit Macht gegen uns. Also beschlossen wir, ihm ein Schnippchen zu schlagen und den Weg zur südwestlichen Nordsee quer durchs holländische Binnenland abzukürzen: über die »Staandenmastroute«, so genannt, weil dank der Klappbrücken Segler diese Kanalstrecke mit stehendem Mast befahren können. Für einen kleinen Abschnitt hatte ich nur eine alte holländische Seekarte aus dem Jahre 1981. Um die Veränderungen zu übertragen, lieh ich mir die aktuelle Ausgabe von einem älteren Herrn auf einem Nachbarboot und mußte mir dafür einen Vortrag über »Hippiesegler« anhören, die nicht mal Geld für ordentliche Seekarten hätten. Wenn der wüßte, daß wir für über 3000 Mark Kartenmaterial mitführten.

Nach Delfzijl auf der niederländische Seite der Ems, wo die Staandenmastroute beginnt, gelangten wir auf ungewöhnliche Weise: Wir segelten, zum zweiten Mal während der Reise. Es wurde keine Werbefahrt für den Sport: Wind – wie könnte es anders sein! – kräftig von vorne, dazu Niesel und eklige kleine Wellen, da wir mit der Flut fuhren, und sechs Beaufort gegen zwei Knoten Strom drückten. Delfzijl selbst war industrielles Kontrastprogramm nach zwei Wochen Natur pur im Watt. Wir liefen durch die Schleuse in einen Hafen, in dem nur verlassene rostige Binnenschiffe lagen. Angesichts der Industriebrachen rings um das Becken befürchteten wir schon, uns verfahren zu haben und *Baal* nun auf irgend einem Fabrikgelände falsch zu parken. Aber ein Blick ins Handbuch bestätigte: Wir sind im empfohlenen Hafen, willkommen in Holland! Die letzten Zweifel beseitigte am nächsten Morgen ein Offizieller, der herbeigeradelt kam, um 15 Gulden Liegegeld zu kassieren. Weil wir noch nicht getauscht hatten, nahm er auch D-Mark, zum Kurs von eins zu eins.

Das war ja klar: Kaum waren wir auf dem Kanal, kam die Sonne raus, das Barometer stieg, der Wind flaute ab und drehte auf Süd. Egal: statt auf offener See segelten wir halt zwischen Kühen und Anglern. Abends in Groningen schrieb Petra in ihr Tagebuch: »Ein sehr schöner Tag und eine sehr schöne Stadt, mit vielen kleinen Geschäften und einer sehr relaxten Stimmung. Montags ist es hier so entspannt, als ob Sonntag wäre.«

Sogar einen Yachtausrüster gab es, wo ich einen Handlauf für die Salondecke kaufte. Zum Festhalten im Seegang eine praktische Sache, doch dauerte es Wochen, bis ich mir nicht mehr den Kopf stieß. Die Kajüte hat eine Stehhöhe von 1,83 Metern, exakt meine Größe, und ich bis den Handlauf anschraubte, konnte ich problemlos und beulenfrei überall herumlaufen. Die meist bedauerte Fehlentscheidung von Groningen: Daß ich im Armyshop nicht den wasserdichten Schlafsack mit separaten Armen kaufte. Er war sogar auf 69 Gulden heruntergesetzt. Wegen meines momentanen Anfluges von Geiz mußten wir

48

später auf hoher See bei Nachtwachen im Cockpit bitterlich frieren.

Am Mittag des Folgetages traf unser Freund Joachim aus Hamburg ein, der einige Tage mitfahren wollte. Er lernte gleich die ganze Härte des Yachtlebens kennen. Statt das neue Kunstmuseum zu besichtigen, wie er sich das vorstellte, mußte er bis zum Abend Diesel durch die Stadt schleppen. Ich hatte einen Baumarkt mit billigen Kanistern entdeckt und wollte Groningen nicht ohne einen hübschen Treibstoff-Vorrat verlassen.

Auch am nächsten Morgen keine Zeit für die Kunst: Schließlich mußten wir einen Zeitplan einhalten. Den hatte ich schon Monate vor Reisebeginn so exakt durchkalkuliert, daß Freunde spotteten: »Du hältst es nicht einmal dann ohne Terminkalender aus, wenn du ein ganzes Jahr frei hast.« Das waren natürlich Nichtsegler, sonst hätten sie gewußt, daß auf See niemand frei ist. Stichwort Biskaya: »Die Überfahrt sollte spätestens Anfang August in Angriff genommen werden, weil sonst möglicherweise früh einsetzende Herbststürme bewirken, daß man in dem Jahr überhaupt nicht mehr in den Süden gelangen kann«, heißt es im Standardwerk *World Cruising Routes*. Logisch, daß wir spätestens Ende Juli im westenglischen Falmouth als dem empfohlenen Ausgangspunkt für die Biskaya-Passage sein wollten. Oder die Atlantiküberquerung: Abfahrt von den Kanarischen Inseln genau Ende November! Vorher drohen Hurrikans, und jeder Tag, den wir später starteten, würde uns in der Karibik fehlen. Denn dort mußten wir pünktlich Anfang Mai Richtung Europa abhauen. Wer es ein paar Wochen früher probiert, gerät auf der Fahrt nach Norden womöglich noch in die Winterstürme, wer ein paar Wochen länger zaudert, steckt schon mitten in der neuen Hurrikan-Saison.

So eine Nordatlantik-Umrundung will ebenso exakt getimt sein wie ein Nachmittagstörn im ostfriesischen Watt, in etwas größerem Maßstab natürlich.

Immerhin konnte Joachim das Museum von außen betrachten, das einem Schiff gleich in den Kanal hineingebaut war. Auch sonst zeigten sich Groningens Sehenswürdigkeiten von ihrer besten Seite, als wir quer durch die Stadt westwärts tuckerten: Kasematten und Bürgerhäuser, Plätze und Parks waren alle zum Wasser hin angelegt, was zeigt, wo sich zu ihrer Entstehungszeit das Leben abspielte. Überhaupt erhielten wir von den Orten am Kanal einen intimeren, freundlicheren Eindruck, als dies Landreisenden vergönnt ist. Wer mit dem Auto durchbraust, sieht von den Häusern vor allem die Zäune und Mauern. Und manchmal auch von erbosten Bürgern aufgestellte Schilder, die eine Umgehungsstraße fordern, damit die rollende Landplage außen vor bleibe. Uns winkten die gleichen Leute fröhlich zu, während wir mitten durch ihren Garten am Kanal liefen. Ein gegenseitiges Vergnügen: Wir dienten als bewegliche Bildtapete im Panoramafenster auf der Wasserseite ihres Hauses; sie öffneten uns für einen Moment ihr Heim und zeigten sich unbefangen in Arbeitshose, Jogginganzug oder Bikini, ganz als ob wir zur Familie gehörten.

Es hatte sich in Groningen ein richtiger kleiner Konvoi von Booten gebildet, die nun gemeinsam nach Westen zogen. Die Flottillenfahrt war für uns immer eine prima Sache, da die geballte Ankunft bei Brückenöffnern und Schleusenwärtern größeren Eindruck macht als ein Einzelgänger, dem offenbar längere Wartezeiten eher zuzumuten sind. Vielleicht förderten aber auch die chaotischen Szenen, die sich in dem zusammengewürfelten Geleitzug direkt vor ihrem Dienstzimmer abspielten, die schnelle Abfertigung. Denn es waren immer einige darunter, die erstmals ein Boot gechartert hatten und nun feststellen mußten, daß es sich ganz anders verhält als ein Auto. Wir versuchten, uns von den Amokfahrern freizuhalten, aber sie hatten unser Mitgefühl. Inzwischen mochten Petra und ich als versierte Kanalratten durchgehen, nachdem wir vor Jahren mit *Baal* die hundertschleusige Tour von Deutschland durch Frankreich zum Mittelmeer absolviert hatten. Doch der Weg dahin war auch bei uns mit Schrammen, Beinahe-Kollisionen und haarsträubenden Situationen gepflastert gewesen.

Denn bei Manövern unter Motor ist *Baal* nun mal ein Biest. Im Rückwärtsgang folgt sie keineswegs brav dem Ruder, sondern bricht mit dem Heck nach Backbord aus. Wir meistern das inzwischen, indem wir vor jedem Abbremsen, was ja nur mit dem Rückwärtsgang geht, einen Haken schlagen: erst dicht ans Steuerbord-Ufer, dann Gang raus und quer rüber nach Backbord gelenkt, schließlich halbe Kraft zurück, und schon stehen wir wieder gerade im Fahrwasser. Hört sich kompliziert an und ist es manchmal auch, vor allem wenn Strömung einen schnurstracks auf ein Hindernis drücken will. Aber mit ein bißchen Überblick und Voraussicht klappt es schon. Wir haben jedenfalls bislang auf Tausenden Kanalkilometern und Hunderten Schleusenmanövern weder uns noch anderen ernsthaften Schaden zugefügt.

Tatsächlich hatten wir manchmal an Klappbrücken größere Schwierigkeiten. Hin und wieder nämlich ließen die Brückenwärter am Seil einen Beutel für Trinkgeld herunter. Wir wollten ihnen natürlich ihren Obulus nicht verweigern und nahmen dafür auch einige navigatorische Verrenkungen in Kauf. Denn nie hatten wir die passende Münze parat und mußten erst einmal in der Kajüte nach dem Portemonnaie suchen, während Petra versuchte, *Baal* mit der bewährten »Hakentechnik« in Strömung und Schiffsverkehr auf Position zu halten. Den anderen in unserem Konvoi ging es übrigens ähnlich, und ich kann mir vorstellen, daß der Brückenwärter an diesem Bootsballett, das er mit seinem Klingelbeutel in Gang setzte, mindestens ebenso große Freude hatte wie am schließlich gespendeten Kleingeld.

Je weiter wir nach Westen vordrangen, desto schmaler wurden die Kanäle und seltener die Ortschaften. Statt dessen weite Wiesen mit hohem, schilfrigem Gras und ein Himmel darüber, der uns, nun das Auge nicht länger durch andere Eindrücke abgelenkt war, riesig erschien. Es war, als ob sich der Bildausschnitt unserer Kamera im Kopf nach oben verschoben hätte. Das Land, das vorher stets im Fokus stand, bloß ein schmaler Streifen am unteren Rand, im Mittelpunkt wandernde Wolken vor unendlichem Blau. Manchmal schob sich ein braunes Segel-Gebirge zwischen Gras und Himmel – ein traditionelles holländisches Plattbodenschiff, das auf Gegenkurs zu uns den Rückenwind ausnutzen konnte. Die Traditionssegler wirkten auf uns, als ob sie direkt aus dem Ölbild eines holländischen Landschaftsmalers des 17. Jahrhunderts kämen, jedenfalls bis wir einmal mit einem dieser Schiffe geschleust wurden. An Bord waren deutsche 15jährige auf Klassenfahrt, deren gelangweilt mürrischen Gesichtern man ansah, wieviel lieber sie eine pulsierende Großstadt besucht hätten, statt in anachronistischer Langsamkeit durch gleichförmige Ebenen zu zuckeln.

Hinter der letzten Kanalschleuse dann ein ganzes Meer voller Deutscher: das Ijsselmeer an einem Frühsommer-Wochenende. Am Heck der Yachten auf dem großen holländischen Binnenmeer knatterte fast ausschließlich

Schwarzrotgold, im Hafen von Lemmer überwog rheinisches Idiom. Zunächst dachten wir, die Einheimischen wären vor dem Massenansturm ihres großen, lauten Nachbarvolkes geflohen. Erst beim Spaziergang durch den Ort entdeckten wir sie: in Kneipen und Straßencafés mit Fernseher, mindestens so laut wie die Gäste und einheitlich orange gekleidet, geschminkt, behütet. Es war Fußballweltmeisterschaft, und die Niederlande traten gegen Südkorea an. Tags darauf das umgekehrte Spiel: Die Holländer hatten gewonnen und konnten sich wieder aufs Segeln konzentrieren, während die Deutschen im Hafen blieben und sorgfältig die Satellitenschüsseln ihrer tragbaren Fernseher ausrichteten. Auch wir waren extra früh ausgelaufen, um pünktlich zum Anstoß von Deutschland gegen Jugoslawien in Enkhuizen zu sein. Während Fußballhasserin Petra ein Sonnenbad nahm, schauten Joachim und ich das Spiel zwischen desinteressierten Holländern in einer Kneipe an. Gut, daß sie wegsahen: die Deutschen spielten schlecht, kämpften verbissen und erreichten mit Glück noch ein Unentschieden. Das hätte bloß wieder einmal holländische Vorurteile bestätigt.

Ebenfalls gut, daß Petra die Gelegenheit zum Sonnenbad genutzt hatte. Der Sommer fand in jener Saison an einem Wochenende statt. Am Montag war es wieder grau in grau, und wir kreuzten mit halb weggerolltem Vorsegel, zweifach gerefftem Groß und 30 Grad Schräglage Richtung Amsterdam. Joachim wurde es bei den sieben Beaufort aus Südwest, die ein herannahendes Tief uns schickte, ziemlich mulmig, aber er stand die Fahrt tapfer durch. Was wörtlich zu verstehen ist: Stehend konnte er besser übers aufgewühlte Wasser hinweg den Horizont beobachten und sich außerdem den Wind um die Nase wehen lassen, beides bewährte Mittel gegen Seekrankheit. So war er abends in Amsterdam auch schon wieder in der Lage, uns ein großes Pizza-Abschiedsessen zu spendieren.

Nach Joachims Abreise litten wir leider etwas an Formschwäche. Ausgerechnet in Amsterdam konnten wir uns nicht so recht aufraffen, trabten ein paar Mal durch den Dauerregen der Weltstadt und lagen ansonsten viele Stunden mit dicken Schmökern in der Koje. Warum auch nicht, könnte man sagen, wir hatten ja frei. Es lag aber eher daran, daß wir von unserer Traumreise gerade die Nase ein bißchen voll hatten. Vier Wochen waren wir nun unterwegs und bis Amsterdam gekommen, knapp vier Autostunden von Zuhause. Die Spalte im Logbuch mit der zurückgelegten Distanz zeigte 350 Seemeilen; wenn wir unsere vorgesehene Route bewältigten, würden dort einmal 12 000 Seemeilen stehen. Wie sollten wir das nur alles schaffen, wenn wir uns jetzt schon erschöpft fühlten?

»Und«, fragte ich Petra mit aufgesetzter Fröhlichkeit, »genießt du deine Flitterwochen?«

Sie verdrehte die Augen und antwortete: »Nach einem Monat Hochzeitsreise fühle ich mich absolut urlaubsreif.« Den Zustand unserer Polster empfanden wir als symbolisch: Vor der Fahrt neu gekauft, begannen sie jetzt bereits zu schimmeln. Und wir konnten sie nicht einmal richtig abschrubben und auslüften, da es ständig regnete.

Alles kein Problem, das sich nicht mit ein paar Tagen Sonnenschein beheben ließe. Sobald sich das Wetter besserte, machten wir uns auf die kurze Kanalfahrt nach Ijmuiden, dem Tor zur südwestlichen Nordsee. Amsterdam hatte eben Pech gehabt und mußte auf seine Eroberung durch uns bis zu einer anderen Gelegenheit warten. Wir passierten die für Ozeanfrachter dimensionierten

Schleusenanlagen, in deren Becken sich *Baal* geradezu verlor, und konnten endlich wieder den Puls des Meeres spüren: Ebbe und Flut. Schon auf den 200 Metern freier See bis zur Einfahrt in die Marina von Ijmuiden fühlten wir uns wieder als Langfahrtsegler. Nun konnte es endlich voran gehen, jubelten wir. Die Landpartie im Schneckentempo war zu Ende.

Zwei Tage später fuhren wir wieder nach Amsterdam und empfanden jede Meile als Rückschlag. Aber es hatte einfach keinen Zweck: Die gesamte Fünf-Tage-Wettervorhersage kündigte starke Südwestwinde an. Genau aus der Richtung, in die wir wollten. Wahrscheinlich wären wir aus lauter Verzweiflung trotzdem gestartet, wenn unsere Stegnachbarn in der Marina, Karin und Norbert von der *Mustang*, nicht eine Alternative präsentiert hätten: zurück nach Amsterdam und von da über die Binnenland-Kanäle südwärts bis Vlissingen an der Maas-Mündung. *Mustang* würde führen und *Baal* hinterherdackeln, da wir keine Karten hatten.

Wenigstens erlebten wir so doch noch den berühmten Grachtentreck der Sportschiffer im Mondschein, von dem uns andere Segler so vorgeschwärmt hatten. Wegen des dichten Autoverkehrs öffnen die 24 Amsterdamer Hub-, Dreh- und Klappbrücken für die Boote Richtung Süden nur einmal am Tag – um zwei Uhr morgens. Damit wir nur ja nichts verpaßten, machten wir gleich vor der ersten Brücke fest und stellten den Wecker auf eins.

Ein lautes Pochen gegen die Bordwand und Norberts Stimme weckte uns: »Also, wir fahren jetzt!«

O weh, schon viertel nach zwei, die Brücke offen und alle anderen Boote, die gemeinsam durch die Metropole geschleust werden sollten, schon durch. Keine Zeit mehr zum Anziehen: Ölzeug auf die nackte Haut, natürlich regnete es, barfuß an Land, die Festmacherleinen lösen und nichts wie hinterher. Als letzte schafften wir gerade noch durchzuschlüpfen, ehe sich die Brücke wieder schloß. Petra gab Vollgas, um die anderen schneller einzuholen, denn bei der ersten Kanalgabelung wären wir verloren, ohne Lotsen, ohne Karten, ohne offene Brücken gefangen in einem Grachtenabschnitt, in dem womöglich auch noch Anlegen verboten wäre. Zu allem Überfluß brach auch noch ein Gewitter los. Wie ein begossener Pudel stand ich als Ausguck auf Deck, sah nichts mehr durch meine beschlagene Brille und hörte auch kaum mehr als Donnerschlag, Regenprasseln, Motorknattern und Petras saftige Flüche vom Steuerstand her.

Daß wir *Mustang* nicht versenkten, grenzte an ein Wunder. Wir bretterten gerade um eine Biegung, als er uns plötzlich entgegenkam. Die übrigen Boote warteten 100 Meter weiter im Pulk auf die Öffnung der nächsten Brücke, Karin und Norbert wollten den Aufenthalt nutzen, um nach ihren Schutzbefohlenen zu suchen. »Vorsicht!« schrie ich, aber Petra hatte schon reagiert: Gang raus und voll zurück, daß das Wasser nur so schäumte. Doch das Gewaltmanöver wirkte: quer zum Fahrwasser – für den eleganten »Bremshaken« war nun wirklich nicht die Zeit gewesen – dümpelte *Baal* wenige Meter neben *Mustang*.

»Alles klar«, rief ich cool zu Karin und Norbert rüber, »die Brücke geht auf, es kann weitergehen.«

Ähnliche Beinahe-Auffahrunfälle gab es an fast jeder weiteren Brücke, die sich alle erst öffneten, wenn der Konvoi geschlossen im Vorfeld wartete. Anscheinend plagte auch die anderen Bootscrews die Angst, in dieser pechschwarzen Nacht vom Hauptfeld abgeschnitten zu werden. Und so jagten die 15 Yachten wie die Lemminge hinter den beiden Motorbooten an der Spitze her. Und wenn jemand vor sich einen Sicherheitsabstand entstehen ließ, überholte der Nachfolgende prompt und füllte die Lücke. *Mustang* machte seinem Namen alle Ehre und kämpfte sich mit solchen Manövern bis in die Spitzengruppe vor und wir immer dicht dahinter, weil wir ja unseren Führer nicht verlieren durften.

Von Amsterdam sahen wir unter diesen Umständen so gut wie nichts und waren froh, als der Rest auch noch hinter uns lag. In den Außenbezirken der Großstadt wurde der Kanal breiter, die Brücken seltener und die Sicht besser. Wir nutzten die Gelegenheit, uns endlich wärmer anzuziehen und Frühstück zu machen. Inzwischen schrumpfte der Konvoi an jeder Abzweigung; nach Südholland wollte offenbar neben *Mustang* und uns nur ein weiteres Boot. Den ganzen Tag folgten wir stur den anderen und hatten inzwischen kaum noch Anhaltspunkte, wo wir uns eigentlich befanden. Ein Ortsschild verriet, daß wir mittags Gouda durchquerten, was wir mit einigen Käsestullen feierten; am späteren Nachmittag, als der Kanal sich zum mächtigen Gewässer weitete, werden wir wohl in der Nähe von Rotterdam gewesen sein. Abends erreichten wir schließlich Dordrecht, von dem wir nichts sagen können, außer daß dort gute Pommes Frites verkauft werden und es sich ungestört schlafen ließ.

Am nächsten Tag wollten Karin und Norbert nicht mehr, und das konnten wir gut verstehen. Wir hätten auch gerne einen faulen Tag in der bestimmt eindrucksvollen, mittelalterlichen Stadt verbracht. Andererseits mochten Petra und ich nach all den wetterbedingten Verzögerungen nicht noch mehr Zeit verplempern. Wir hatten doch eine Verabredung mit den Tropen, die wir nach all der sommerlichen Kälte auch ganz bestimmt einhalten wollten. Also fotokopierten wir Norberts Karten in einem Papierwarengeschäft und machten uns auf den Weg.

Noch einmal Motorfahrt von morgens bis abends, noch eine Nacht im Kanal. Als wir schließlich aus der letzten Schleuse bei Vlissingen in die offene Scheldemündung bogen, sagte Petra: »Ich lege mich hin. Weck mich bitte, wenn wir in Blankenberge ankommen.« Wind mit drei bis vier Beaufort aus Nordnordwest, leichter Seegang, bedeckter Himmel, aber trocken – ideal. Ich setzte Vollzeug, überließ der Windselbststeueranlage das Rudergehen, räkelte mich bequem auf die Cockpitbank und dachte mir: Wie schön kann Segeln sein. Das hatte ich in den letzten Tagen glatt vergessen.

Nichts als Ärger

Blankenese – Falmouth (Großbritannien),
1. bis 28. Juli 1998

»Da stimmt was nicht!« sagte Marc und drückte damit
aus, was ich schon seit längerem befürchtet hatte. Unser
schöner, neuer, teurer Yanmar-Dieselmotor verbrauchte
Öl. Massenhaft. Im ostfriesischen Watt war es mir erstmals aufgefallen, in den holländischen Kanälen hatte ich
Buch geführt: 0,3 Liter Motoröl nach achteinhalb Stunden unter Maschine weg; am nächsten Tag ein halber Liter nach 15 Stunden; darauf wieder ein halber Liter, aber
schon nach zwölfen. Wie eine Mutter ihrem kranken Kind
Fieber mißt, kontrollierte ich bei jedem Stopp den Ölstand
und erschrak stets über das Ergebnis. Ich überprüfte alle
Leitungen auf Leckagen und legte sogar den Motorraum
mit saugfähigem Papier aus, um die Spur der verschwun-
denen Schmierstoffe zu finden. Nichts: Der Yanmar verlor
das Schmieröl nicht, er fraß es regelrecht auf. Das sah
nicht nach Lappalie, sondern schlimmer Krankheit aus.
Obwohl die konsultierten Fachleute abwiegelten.

»Ist normal«, behauptete die Yanmar-Vertretung Amsterdam.

»Kein Problem, fahren Sie ruhig weiter«, kommen-
tierte Haarlem.

»Das gibt sich, sobald der Motor richtig eingefahren ist«, hieß es telefonisch aus Lübeck, wo die Maschine installiert worden war.

»Alles Quatsch, die Kerle lügen, mit 170 Laufstunden ist der Motor längst eingefahren«, beharrte Marc: »Wir gehen sofort zur hiesigen Yanmar-Vertretung, und laß mich reden!«

Wir hatten Marc und seine Freundin Patricia vier Jahre zuvor im überfüllten Hafen der italienischen Insel Giglio kennengelernt. Wir waren zuerst eingelaufen, und die beiden Belgier mußten von ihrer *Aries* über *Baal* steigen, um an Land zu gelangen. Wir verbrachten einen lustigen Abend miteinander, freundeten uns an und blieben in Briefkontakt. Als sie unsere Reisepläne erfuhren, schickte Marc mir einige Handbücher und Seekarten, die er sich besorgt hatte, weil die beiden mal eine ähnliche Tour vorhatten. Finanziell wäre das kein Problem gewesen, die beiden hatten nach dem Verkauf von Marcs gut gehender Nachhilfe-Schule schon in jungen Jahren ausgesorgt. Trotzdem gaben Marc und Patricia das Vorhaben auf, als sie bei ihren Urlaubstörns im Mittelmeer feststellten, daß sie lieber in ihrem schönen Haus bei Brüssel wohnen als auf einem unbequemen Segelboot.

Die Yanmar-Vertretung lag gleich neben der Marina von Blankenberge. Marc, der Wallone, redete in französisch auf die Mechaniker ein, die diskutierten untereinander auf flämisch, und während sie die Yanmar-Europazentrale in Holland anriefen, besprachen Marc und ich uns auf englisch. Das Ergebnis des Telefonats hörte ich überraschenderweise auf deutsch, das die meisten in der Werkstatt ebenfalls konnten, wie sich herausstellte: Der Motor wird ausgebaut und untersucht, auf Garantie, die bei Yanmar weltweit zwei Jahre gilt. Nun, auch deswegen hatten wir die Marke gewählt.

Allerdings mußten wir erfahren, daß sich die Gewährleistung nicht notwendigerweise auf die Reparatur erstreckt. In der Erwartung, daß nun alles in Ordnung komme, waren wir mit Patricia und Marc nach Brüssel gefahren. Von dort führte ich lange Telefonate mit allen Beteiligten in drei Ländern. Vergebens: unser Motor lag, in seine Einzelteile zerlegt, in der Werkstatt, und sollte da bis zur Klärung aller Details liegen bleiben. Hintergrund war, daß der Hersteller trotz Garantie nicht für die Instandsetzung gerade stehen wollte und nun den Schuldigen für den Fehler woanders suchte. Auch wir gerieten in Verdacht. Je nach Gesprächspartner in der weitgefächerten Yanmar-Hierarchie warf man mir vor: wir hätten den Motor anfangs überlastet, nein – unterlastet. Oder auch: Wir hätten anfangs »zu gutes Öl verwendet«, deshalb habe sich die Maschine nicht ordentlich eingeschliffen.

Glücklicherweise konnten wir anhand der Logbuch-Aufzeichnungen belegen, daß der Diesel vorschriftsgemäß eingefahren wurde. So bekam als nächstes die deutsche Vertragswerkstatt, die den Motor eingebaut hatte, den Schwarzen Peter. Die habe nämlich, lautete die neueste Theorie, den Auspuff falsch installiert, wodurch Wasser in die Zylinder gelaufen sei und Korrosionsschäden verursacht habe. Ich hielt das für abstrus. Aber die Lübecker Werkstatt, offenbar ermattet von dem Hin und Her, erkannte diese Version an, und so hielt ich meinen Mund. Uns war schließlich egal, wer die Instandsetzung bezahlte, so lange wir das nicht waren. Denn das Ausbohren der Zylinder, der Einbau neuer Ventile und sämtliche Montagearbeiten würden zusammen einige Tausend Mark kosten.

Nach einer Woche Gerangel um den Motor stand ich trotzdem mit gezückter Kreditkarte bei Yanmar in Blankenese. Mein Angebot: »Wir zahlen, ihr repariert, und Lübeck erstattet uns die Auslagen, wenn alle Formalitäten geklärt sind.« Nein, das ginge nicht. Sobald die Defekte behoben seien, wären auch die Beweise für die Fehler beim Einbau verschwunden. Auf daß es nachher keinen Ärger gäbe, mußten erst Diagnosen, Zeichnungen, Gutachten zwischen Deutschland, Holland und Belgien hin und her geschickt werden. Dann, bat ich, baut uns wenigstens wieder den kaputten Motor ein. Auch wenn wir weiterhin literweise Öl nachschütten müßten, kämen wir so wenigstens noch rechtzeitig über die Biskaya. Da nahm mich der Mechaniker beiseite. Mal unter uns, sagte er, unser Motor habe einen ziemlich schwerwiegenden Defekt. Er könne mir nur raten, den in Nordeuropa beheben zu lassen und nicht in Portugal oder gar in der Karibik. Und am Tonfall konnte ich deutlich heraushören, daß er ölverschmierte Klitschen mit unzuverlässigem und schlecht ausgebildetem Personal vor Augen hatte, die unsere arme, geplagte Maschine vollends zu Grunde richten würden. Nicht wissend, was noch kommen würde, hielt ich das damals für ein Argument.

Es gab Momente in Blankenberge, in denen wir das Gefühl hatten, unsere Reise sei zu Ende. Gestrandet und gescheitert in den Untiefen der Yanmar-Administration. Als Kind hatte ich im Hollandurlaub mit meinen Eltern einen Ausflug nach Blankenberge unternommen. Schon damals hatte es mir nicht gefallen. Und Petra hatte aufgehört, über das schlechte Wetter zu klagen, obwohl sie doch allen Grund hatte, das vielleicht bedenkliche Krisenzeichen. Aber wir schöpften zwischendurch auch Hoffnung. Etwa als zehn Tage nach dem Motorausbau die Nachricht kam, die Versicherung der Lübecker habe endlich genügend Informationen, um die Übernahme der Reparaturkosten anzuerkennen. Nun sollte die Maschine in einem Tag wieder okay sein. Leider stellte sich heraus, daß vergessen worden war, die nötigen Ersatzteile zu bestellen.

Nach 17 frustrierenden Tagen verließen wir Blankenberge fluchtartig um sechs Uhr morgens. Die Vorhersage, Südwest fünf, Schauer, war nicht gerade einladend, aber wir hatten seit dem vorigen Nachmittag endlich wieder einen Motor an Bord und wären wohl bei jedem Wetter mit Ausnahme von Orkan ausgelaufen. Der Wind kam also wieder mal von vorne, und zu unserem Tagesziel Calais in Frankreich ging es zwischen der Küste vorgelagerten Sandbänken hindurch. Also motorten wir. Und abends öffnete ich die Schiebetür zum Motorraum und schaute nach, wie die Maschine die Anstrengungen des Tages überstanden hatte. Sie war ... weiß. Über und über von einer dicken Salzkruste bedeckt.

Am nächsten Tag verlor ich beim Telefonat mit Yanmar in Blankenberge erstmals die Contenance. Sie sollten umgehend einen Mechaniker vorbeischicken, der den Schaden beseitigt, verlangte ich, erhielt aber nur das Versprechen, ein Motorenexperte werde gleich zurückrufen. Bis zum Nachmittag meldete ich mich Stunde um Stunde und fragte nach diesem Spezialisten, bis mir schließlich kein Fluch, kein Schimpfwort und keine Schmeichelei mehr einfiel. Und weil wir leider nichts Überflüssiges an Bord hatten, das ich zertrümmern konnte, machte ich einen langen, einsamen Spaziergang, auf dem ich mich zu ganz tiefen Atemzügen und positivem Denken zwang. Auf dem Rückweg kam mir Petra mit dem Handy entgegen: der Mechaniker!

Ob ich den Kühlwasserschlauch auf Undichtigkeiten überprüft hätte? Natürlich! Auch die Kühlwasserpumpe? Klar! Und den Auspuffschlauch? Selbstverständlich! Ich hatte sämtliche Schlauchschellen gecheckt und den Motor minutenlang laufen lassen. Die Quelle des Salzes war nicht zu finden. Dann, sagte er zu meiner Überraschung, wisse er, wo das Problem liege: In der Kühlwasserleitung befindet sich genau über der Maschine ein kleines Ventil. Das hatte offenbar geklemmt; Wasser war durchgetropft und auf dem heißen Motorblock verdampft, so daß nur das Salz übrig blieb. Mit der Reparatur, wie ich unterstellte, hatte das Ganze nichts zu tun, da mußte ich also Abbitte leisten. Bis in die späte Nacht hinein machten Petra und ich nun auf dem Herd Wasser heiß, füllten es in eine Sprühflasche, wie sie zum Blumenbefeuchten verwendet wird, und wuschen Salz vom Motor. Im warmen, feuchten Klima des Maschinenraums würde es sich sonst ins Metall hineinfressen und schlimme Rostschäden verursachen. Die letzten Krümel fegten wir mit der Zahnbürste hinunter, schließlich verteilten wir großzügig Antikorrosionsspray, und der grau lackierte Diesel sah wieder aus wie neu.

Leider fehlte uns nun die Zeit, die durch den ganzen Motoren-Ärger verloren gegangen war, und die ursprünglich geplante, vierwöchige Kreuzfahrt entlang Englands Südküste mußte flach fallen. Wir diskutierten sogar, drei Tage und Nächte bis Falmouth durchzusegeln, wo wir die Biskaya-Überquerung starten wollten. Andererseits würden wir es in einem normalen Bootsurlaub kaum von Hamburg nach Südengland und zurück schaffen. Bis zum empfohlenen Starttermin für die Biskaya-Überquerung hatten wir immer noch einige Tage. Also England gucken im Kurzprogramm.

Wir segelten von Calais um fünf Uhr morgens ab, um den dann günstigen Strom auszunutzen, der im Englischen Kanal besonders kräftig setzt, mit den Gezeiten seine Richtung aber um 180 Grad ändert. Zur Abwechslung hatten wir schönes Wetter und optimalen Wind während der Tour nach Eastbourne, und ebenso angenehm ging es tags darauf weiter nach Brighton. Um so erstaunlicher, daß wir dort die schwerste Krise der gesamten Reise hatten.

Sie entzündete sich am Herd. Im Gegensatz zu den meisten anderen Yachten kochen wir nicht mit Gas, sondern nutzen Petroleum. Das hat Vorteile. Petroleum explodiert nicht, und wir können in Kanistern genug Vorrat für die gesamte Reise mitnehmen, während die Gas-Leute ständig mit schweren Flaschen rumrennen, um Nachschub aufzutreiben. Und zwei große Nachteile: es ist umständlich zu bedienen und unzuverlässig. Aber der Herd war nun mal an Bord, als wir *Baal* kauften, und wir hatten uns damit arrangiert.

Gleich nach dem Einlaufen in Brighton hatten wir im Supermarkt fürs Abendessen eingekauft: Fischfilets, Reis und Salat. Während der Zubereitung deutete noch nichts auf die nahende Eruption hin. Ich schnipselte das Grünzeug, Petra hantierte mit Topf und Pfanne, die Deutsche Welle plärrte die Weltnachrichten in unser schwimmendes, trautes Heim. Als plötzlich die Flammen des Herdes zu blaken begannen. Ruß schwärzte das Kochgeschirr und ein unangenehmer Geruch nach Tankstelle breitete sich aus. »Verdammt, was ist denn jetzt schon wieder los?« fluchte Petra.

»Du mußt pumpen!« rief ich von meinem Sitzplatz am Salontisch.

Unser Herd ist ein Druckkocher. Das Petroleum wird in seinem Tank mit einer eingebauten Luftpumpe unter

Druck gesetzt und schießt deshalb in scharfem Strahl in den Brenner, wo es vergast und eine heiße, blaue Flamme erzeugt. Außer, der Brenner ist verstopft. Dann kommt entweder gar nichts raus, oder das entzündete Petroleum entweicht auf nicht vorschriftsmäßigem Weg, und der Herd wird zum Flammenwerfer.

In Brighton passierte erst das eine, dann, durchs Druckpumpen, das andere. Wusch, schoß eine Stichflamme empor, daß sich die Decke schwärzte.

»Abdrehen!« schrie ich Petra zu und schubste sie gleichzeitig weg, kurbelte an den Herdknöpfen und warf die für solche Notfälle bereitliegende Löschdecke über Herd, Flammen und Fischfilets. Der Reistopf kippte um und half mit heißem Wasser, den Brand zu löschen und das Chaos zu vervollständigen.

»Ich will nicht mehr«, sagte Petra.

»Und ich will nicht mehr, daß du nicht willst«, sagte ich.

Szenen einer Ehe, Klappe bitte. Wir steckten die Türschotten ein, schlossen *Baal* ab und gingen zu *McDonald's*.

Schweigend und wütend aßen wir die notorischen lauwarmen Fleischklops-Semmeln. Wobei ein klärendes Gespräch auch gar nicht möglich gewesen wäre. Das Restaurant war voller Jugendlicher, die sich mit äußerster Lungenkraft Neckereien zuriefen oder über Tische und Bänke sprangen, um einander am Kragen zu packen und durchzuschütteln. Besonders Mutige erschreckten mit angedeuteten Kung-Fu-Tritten Gäste, die mit einem Tablett vom Ausgabetresen kamen. Und jede dabei umgekippte Cola wurde lautstark im ganzen Saal als Erfolg gefeiert. Kurz: Es war der absolute Tiefpunkt unserer Reise.

Ab dem Moment, in dem Petra sagte: »Laß uns noch in einem Pub ein Bier trinken!« ging es wieder aufwärts. Wir fanden ein Lokal, in dem es in jeder Hinsicht britischer zuging als im Schnellrestaurant und sprachen uns aus. Über den Ärger vorhin und warum wir überhaupt so reizbar waren, über die Ehe und über die Reise, über Hoffnungen und Enttäuschungen.

Petra bekannte, daß unser großes Segel-Abenteuer nicht so verlaufe, wie sie sich das vorgestellt hatte. Das Vorankommen sei so mühsam, die ständigen Reparaturen und das ewige schlechte Wetter zermürbten sie. Sie fühle sich eingesperrt in dem kleinen Boot, vermisse ihre Freunde in Hamburg und überhaupt menschliche Kontakte. Denn wenn wir unterwegs mal Leute kennenlernten, seien wir oder sie am nächsten Tag schon wieder weg. Und ich könne auch nicht immer als Blitzableiter herhalten. Das sei sicherlich nicht Sinn einer Hochzeitsreise, aber sie wisse eben nicht, wohin sonst mit ihren Frustrationen.

Ich erzählte, daß ich mich inzwischen vor jedem Regenschauer fürchtete, weil ich genau wußte, wie der ihr die Stimmung verhageln würde. Daß ich ein schlechtes Gewissen hätte, sie auf eine Fahrt gelockt zu haben, die ihr so wenig Freude bereite. Daß ich mich wie ein Reiseleiter fühle, der verantwortlich ist für das Wohlergehen seiner Gäste, und daß ich ihr gleichzeitig dieses Gefühl ankreide.

»Wenn wir beide an unserer Hochzeitsreise unter Segeln so wenig Spaß haben«, schloß ich, »sollen wir nicht einfach wieder umkehren und mit dem Rest unseres freien Jahres irgend etwas Schöneres anfangen?«

»Was?« Petra schaute mich entgeistert an. »Kommt nicht in Frage. Wir würden doch ausgelacht, wenn wir jetzt wieder mit eingekniffenem Schwanz in Hamburg auftauchten.«

»Da stehen wir drüber«, behauptete ich (wider besseres Wissen).

»Aber ...«, Petra rang nach Worten, »ich will nicht. Ich will weitersegeln.«

Wollte ich ja auch. Aber wir mußten was anders machen, damit wir uns nicht unglücklich machten. In der Strategie: öfters mal weitere Strecken über mehrere Tage segeln, damit wir nicht länger das Gefühl hatten, auf der Stelle zu treten. Und in der Einstellung: Petra wollte sich nicht länger als Opfer der Umstände begreifen, sondern als aktive Gestalterin unserer Reise. Ich nahm mir vor, meinen Verantwortungskomplex abzulegen, durch den ich mich bislang für Ungemach schuldig gefühlt hatte. So beschlossen und zur Bekräftigung begossen mit diversen Guiness in einem Pub zu Brighton. Versöhnt und voll guter Vorsätze wankten wir ins Bett auf der guten, alten *Baal*. Das heißt, vor dem Schlafengehen mußten wir noch die Schweinerei in der Pantry beseitigen.

Psychologisch richtig wäre jetzt gewesen, bis Falmouth durchzusegeln und dort ein paar entspannte Tage im Hafen zu verbringen, die nicht durch Arbeiten am Boot ausgefüllt wären. Aber vor der Weiterfahrt mußten wir die Reparaturen erledigen. Ich nahm den Herd vollständig auseinander, reinigte jedes Röhrchen und weichte die empfindlichen Düsen in Essigwasser ein, damit sich die rußigen Ablagerungen lösen. Nachdem ich den Kocher wieder zusammengebaut und frisches Petroleum eingefüllt hatte, das alte war vermutlich unrein und deshalb für das Debakel verantwortlich, funktionierte wieder eine Flamme richtig. Die zweite kokelte weiterhin, war aber wenigstens zum Erhitzen von Spaghettisaucen zu gebrauchen. Zur Sicherheit orderte Petra beim Hersteller in

Deutschland Ersatzbrenner, die per Express nach Falmouth geschickt würden.

Zweite Baustelle: die Radio-Computer-Verbindung. Wir hatten ein Laptop dabei, dessen Software aus gefunkten Pieps-Tönen Wetterkarten, Textvorhersagen und Satellitenbilder zaubern konnte. Aber nur in der Theorie. Die Praxis sah so aus, daß ich auf den entsprechenden Frequenzen im Radio ein nervtötendes Gezwitscher empfing, das Petra an eine Amsel im Stimmbruch erinnerte. Unser Computer stand diesen geheimnisvollen Botschaften aus der Schattenwelt des Äthers genauso ratlos gegenüber wie wir. Bislang machte das nicht viel aus, weil wir die neuesten Wetterberichte ebenso gut über Radio, Telefonansage oder Nachfrage beim Hafenmeister erhalten konnten. Aber südlich Falmouth wäre es damit so langsam vorbei. BBC 4 informierte zwar über die Seegebiete bis Spanien, doch reichte der Empfangsbereich nicht mal über die Biskaya. Und die Deutsche Welle, die überall gut zu hören war, machte mit ihren Wetterberichten schon vor Ostengland Schluß. Spanier und Portugiesen schließlich sendeten erst gar keine für Yachten brauchbaren Vorhersagen. Nur bei den Franzosen war es optimal, doch beherrschten wir die Sprache nicht gut genug, um die heruntergeleierten Meldungen zu entschlüsseln.

Jedenfalls reichte das nicht, wenn wir auch künftig meteorologische Informationen nutzen wollten. Aber in der Marina von Brighton hing ein Schild mit der Telefonnummer von jemandem, der sich mit Wetterfax auskannte und uns ein neues Kurzwellengerät verkaufte. Dabei war das alte, streng genommen, gar nicht schuld am Funksalat, wie er einräumte. Den richtete vielmehr das Laptop an, ein Veteran aus den 80ern, der bei der Arbeit fröhlich vor sich hin summte und damit den Empfang sabotierte.

Doch einen anderen Computer konnten wir uns nun mal nicht leisten, also mußten wir den Empfänger austauschen. Zwar blieb unsere alte Kiste der Favorit für Wort- und Musiksendungen, aber die atonalen Flötentöne der Wetterstationen ließ sich unser brummiges Laptop nun mal lieber vom neuen Radio beibringen.

Auf hoher See würden die Signale wohl ziemlich klar hereinkommen. Noch befanden wir uns jedoch in den Fängen des Landes mit all seinen schlechten Einflüssen. Ständig funkte einem irgendwas dazwischen, und wenn in der Nähe ein schlecht entstörtes Moped vorbeiknatterte, bekam das Laptop legasthenische Anfälle. Das las sich dann so: Mi. 12 h, NxylknÖÖÖ 4, See 1-$$rzy Meter, Mi. 18 h, SW 5–6, Syklhrmh§$%vkj Meter.

»Mir scheint, daß der Nordwind auf Südwest dreht und im Laufe des Nachmittags auffrischt«, rief ich hinaus ins Cockpit, denn Petra hielt es nie lange in der Nähe des Radios aus, wenn es seine Wetterdaten zirpte, pfiff und jodelte.

»Wissen wir doch längst aus den Nachrichten«, gab sie zurück. »Was hältst du davon, wenn du deinen Computer jetzt mal wegpackst und wir auslaufen, solange das Wetter noch einigermaßen ist?«

Die restlichen 200 Seemeilen bis Falmouth legten wir in zwei Tagesetappen und einer Nachtfahrt zurück. Und das Positivste war, daß die Stimmung besser war als das Wetter. An Umkehren dachte jedenfalls keiner mehr, als wir bei Nieselregen in Falmouth einliefen. Im Gegenteil: Wir waren heiß auf den Süden. Schnell proviantieren und ab über die Biskaya, hatten wir uns vorgenommen. Aber da wußten wir ja noch nicht, daß es in Falmouth richtig nett sein würde.

Auf der Achterbahn

Falmouth – La Coruña (Spanien), 27. Juli bis 8. August 1998

»Also, hier bleibe ich nicht«, sagte Petra, als sie aus dem Kajütfenster schaute.

Der Schauer prasselte so heftig auf die Wasseroberfläche, daß die Tropfen kleine Fontänen aufwarfen. Und *Baals* Deck klang, als ob wir in einer Trommel säßen, die jemand mit Kieselsteinen bewarf. Außer dem Regen sah man durchs Fenster zahllose Yachten in allen Größen, die naß und trostlos um ihre Bojen schwojten. Nirgends eine Menschenseele an Bord, was daran zu erkennen war, daß an den Hecks die Beiboote fehlten. Die Bucht von Falmouth im Regen hatte den Charme eines Winterlagers für vernachlässigte Segelschiffchen.

Wir waren aus Spargründen im Bojenfeld gelandet. Im letzten Hafen hatte Petra telefonisch den Kontostand abgefragt und Bilanz gezogen. Ergebnis: Wir gaben im letzten Monat fast doppelt soviel aus, wie unser Etat von 3000 Mark erlaubte. Woran das lag, war klar. Unvorhergesehene Reparaturen, unvorhergesehene Verzögerungen, unvorhergesehen schlechtes Wetter. Deshalb hatten wir bislang auch nie geankert, was nichts kostet, sondern waren in Marinas gegangen, wo man für ein Neun-Meter-Boot zwischen 20 (im günstigen Holland) und 60 Mark (im teuren England) pro Nacht zahlte.

»Ab sofort«, hatten wir uns in Plymouth geschworen, »wird gehaushaltet.«

Allerdings war Falmouth der erste Ort auf unserer Route, wo auch fürs Ankern eine Gebühr zu entrichten war. Trotzdem verlangten die Bestimmungen, daß Ankerlieger sich stets bereithielten, um für einlaufende Frachter das Feld zu räumen. An den Bojen blieb man ungestört und zahlte trotzdem kaum mehr; nur halb so viel, wie in der Marina verlangt wurde. Ideal, dachten wir – bis wir feststellten, daß wir hier einsam im Regen lagen, während in der Marina das Leben tobte.

Als der Schauer nachließ, zogen wir also um und lernten in einem Tag mehr Blauwassersegler kennen als auf unserer gesamten bisherigen Reise. Denn in Falmouth sammelten sich alle, die wie wir über die Biskaya in den Süden wollten. Auch für Yachten von Übersee nach Europa ist hier der beste Ankunftshafen nach wochenlanger Atlantiküberquerung. Und es ist der Ort, an dem Freizeitskipper normalerweise wieder auf Heimatkurs gehen, weil hinter Falmouth der richtige Ozean beginnt. Ab hier ist das Meer nicht mehr graugrün wie die Nordsee, sondern tiefblau.

Den wohl engsten Kontakt hatten wir zu Ole und Beth, zwei wettergegerbte Dänen Ende 30, die mit ihrer nur 8,30 Meter langen Yacht *Orca* vier Jahre lang auf dem Atlantik gesegelt waren: nach Afrika und Südamerika, in die Karibik und zu den Bahamas. Nun kehrten sie nach Hause zurück. Sie waren ungewöhnliche Menschen: Sie blieben das einzige Seglerpaar in unserem Bekanntenkreis, bei dem die Frau die Idee zur Reise hatte, das Vorhaben vorantrieb und schließlich das Schiff führte.

Außerdem finanzierten Ole und Beth ihr Aussteigerleben nicht über ein dickes Bankkonto, sondern durch Arbeit unterwegs. Das versuchten ja etliche, aber nur wenige schafften es auch. Beth schrieb, und Ole fotografierte Reportagen, die sie an dänische Zeitungen verkauften. Am interessantesten waren für uns jedoch ihre ungeschminkten Berichte. Wenn Ole und Beth ihre Erfahrungen schilderten, kam nicht bloß der übliche Seglerschmu vom weiten Meer und fernen Horizonten. Sie erzählten auch von Beziehungsstreß und Nervenkrieg auf engstem Raum, von Einsamkeit und Angst, die immer mitsegeln, wenn sich ein kleines Boot auf den großen Ozean wagt.

»Die vier Jahre waren okay«, resümierte Ole abends im Pub, »aber jetzt haben wir die Schnauze voll vom Yachtleben. Ich glaube, wir werden nie mehr segeln.«

Das hatte uns damals schon etwas verstört. Würden wir auch so reden, wenn wir in einem Jahr auf dem Rückweg wieder nach Falmouth kämen? Aber tatsächlich trugen Ole und Beth wohl mit dazu bei, daß unser Fazit heute ganz anders ausfällt als ihres. Bislang hatten wir doch von allen gehört, wie sehr sie uns um unser Segeljahr beneideten. Das beeindruckt einen doch, und wir fühlten uns zum Glücklichsein geradezu verpflichtet. Und schämten uns, wenn wir trotzdem mal schlechte Laune hatten oder Frust schoben.

»Du Miesepeter«, sagte Petra dann zu mir.

»Prinzessin auf der Erbse«, konterte ich.

Ole und Beth räumten mit dem Mythos ewig seliger Segler auf. Ein Traum, den man sich verwirklicht hat, ist Alltag geworden, mit allen Schattenseiten. Klingt banal, mußte uns trotzdem aber wieder mal gesagt werden.

Doch die beiden Segelheimkehrer gaben uns auch ganz praktische Lebenshilfe. Wieviele Fische wir denn schon

unterwegs gefangen hätten, wollte Ole wissen. Wir mußten zugeben, daß zwar ein toller Köder mit Stahlvorfach
an Bord war, den uns Johanna und Klaus als Hochzeits-
geschenk gebastelt hatten. Er sollte während der Fahrt als
Schleppangel an 50 Metern Perlonschnur hinterhergezo-
gen werden. Aber geschehen war das noch nie.

»Wir wissen nicht, was wir mit so einem Fisch anfangen sollen, wenn er anbeißt«, gestand Petra.

Da konnte Ole nur mit dem Kopf schütteln: »Kinder,
so laß ich euch nicht lossegeln«, sagte er, »geht mal zwei
Makrelen kaufen, sie dürfen nicht ausgenommen sein.«

Und dann sollten wir uns vorstellen: Die Fischlein vor
uns seien ein Meter lang, 20 Kilo schwer und hießen Dorade oder Thun. »Jetzt braucht ihr noch ein Fischmesser
mit langer, schmaler Klinge«, sagte Ole und schnappte sich
ein Kneipchen aus *Baals* Besteckschublade, das dem ge-
forderten Dolch etwa so ähnlich sah wie unsere Makrelen
den genannten Hochseeraubfischen. Ole setzte das Kü-
chenmesser direkt hinter der Seitenflosse an und drückte
die Schneide ins Fleisch, bis sie auf Gräten stieß. Dann sä-
belte er schwanzwärts und hielt das erste Makrelenfilet in
der Hand. An einigen Stellen war das Fleisch rötlich.

»Das sind die anaeroben Muskeln, die dem Fisch
Schnellkraft verleihen«, erklärte er, »bei Thun und Dorade schmecken sie ölig.« Also wegschneiden, noch die
Haut abschaben, und schon war die erste Hälfte der Ma-
krele pfannenfertig. »So, Petra, jetzt du.«

Filetieren ging nun so einigermaßen, doch die Frage
blieb: Konnten wir, im bisherigen Leben Großstadtmen-
schen, Schreibtischarbeiter, Fischstäbchenesser, konnten
wir überhaupt ein Tier töten? Am besten gleich den Kopf
abschneiden, hatte uns jemand geraten – was uns nicht
gerade ermutigte.

»Wenn ihr euch nicht traut, könnt ihr auch Spiritus hinter die Kiemen sprühen«, tröstete Ole: »Das wirkt auch schnell und tötet unblutig.« Schnelligkeit beim Schlachten sei im übrigen nicht nur wichtig, um die Leidenszeit des Tiers zu verkürzen: »An eine Schleppangel, die mit fünf Knoten Geschwindigkeit durchs Wasser gezogen wird, gehen ja keine mickrigen Makrelen, sondern nur große Fische.«

»Was denn für welche«, wollte Petra wissen.

»Na, zum Beispiel Thun, Dorade oder Hai. Und manchmal wehren die sich ziemlich, bis man sie im Kopftopf hat.«

Daraufhin kaufte ich uns eine großkalibrige Wasserpistole und füllte sie mit Spiritus, damit wir den finalen Rettungsschuß auch aus etwas größerer Entfernung ansetzen konnten. Daß Petra meinte, der Hai würde sich vermutlich eher tot lachen, wenn ich ihn mit einer gelben Spielzeugpistole bedrohte, stärkte meinen Jagdtrieb allerdings nicht gerade. Doch als ich Ole eingestand, daß, wie ich Petra und mich kennen würde, wir beim nächsten Törn unser Mittagessen wohl doch nicht selbst aus dem Meer ziehen, wurde er richtig grundsätzlich.

»Segeln hängt mir zum Hals raus. Aber eine Dorade fangen und zu sehen, wie ihre Haut im Sterben den Goldton verliert und grau wird, das werde ich mein Leben lang vermissen.« Es stelle doch ein ganz besonderes Privileg dar, so ein prächtiges Tier selbst töten und dann essen zu dürfen.

»In Ordnung, Ole, wenn das so wichtig ist, werden wir's auch mal probieren«, beschwichtigte ich. »Versprochen!«

Bevor wir unseren Fischzug starteten, mußten wir *Baals* Ausrüstung erst noch auf Biskaya-Niveau bringen.

Das Seegebiet hat noch aus der Windjammer-Ära einen ziemlich üblen Ruf. Bei Sturm wurden damals zahlreiche Großsegler in die auf drei Seiten landumschlossene Bucht getrieben, von wo sie sich nicht mehr freikreuzen konnten und scheiterten. Nun fuhren diese Schiffe zu jeder Jahreszeit, während wir unsere Reise so geplant hatten, daß wir nicht in die Sturmsaison gerieten; außerdem besitzen heutige Yachten wesentlich bessere Kreuzeigenschaften.

Trotzdem wollten wir den überlieferten Segel-Anweisungen weitgehend folgen, die darauf abzielten, einen möglichst großen Abstand zur französischen und spanischen Küste einzuhalten. Wäre ja auch zu blöd, wenn wir unterwegs in einem überraschenden Sturm feststellen müßten, daß der Rat der Alten so überholt gar nicht ist. Und weil in dieser Ecke die schlimmen Stürme schon immer aus Westen kamen, lautete der: So westlich wie möglich in England starten (deswegen waren wir ja nach Falmouth gefahren), dann auf Südwestkurs noch weiter hinaus auf den Ozean halten, bis die Länge von Kap Finisterre erreicht ist, und schließlich ab nach Süden auf eben diese nordwestliche Spitze Spaniens zu. 450 einsame Seemeilen wäre die Tour lang; vier bis fünf Tage würden wir unter normalen Bedingungen brauchen. Grund genug, die Sache wohlvorbereitet und respektvoll anzugehen.

Also packte Petra das Seenotfäßchen. Das war eine Tätigkeit, die dem beliebten Fragespiel ähnelte: Angenommen, Sie dürfen drei Dinge mit auf eine einsame Insel nehmen, welche wären das? Eine Menge Sachen waren freilich fest gebucht: Bootspapiere, Ausweise, Geld, Scheckkarten, einige Medikamente, Sonnencreme, Taschenlampe und Signalraketen, um vorbeifahrende Frachter auf uns Schiffbrüchige aufmerksam zu machen. Deshalb paßten nur noch wenige Extravaganzen mit ins wasserdichte Fäßchen. Petra wählte ein Taschenbuch, *Willkommen in Wellville* von T. C. Boyle, aus dem ich ihr bis zur Errettung aus Seenot vorlesen sollte, ihren Zeichenblock und ein Packung feuchtes Klopapier.

»Warum feuchtes Klopapier?« wollte ich wissen, wo man doch das Klo mit automatischer Naßspülung direkt vor der Tür hätte.

Aber Petra beharrte: »Man kann sich damit auch sonst reinigen. Außerdem fühle ich mich besser, wenn es dabei ist.« In dem Fall, mußte ich zugeben, machte die feuchte Zettelwirtschaft mehr Sinn als die meisten Utensilien, die sonst noch im Faß steckten.

Ursprünglich wollten wir den Behälter direkt neben die Rettungsinsel binden, die an der Reling befestigt war, damit wir ihn gleich griffbereit hätten, falls wir schnell von Bord fliehen müßten. Dann fiel uns ein, daß wir im wahrsten Sinn des Wortes arm dran wären, wenn ihn ein schwerer Brecher losrisse und wegspülte. Also kam er in den Korb mit den übrigen Dingen, die ebenfalls mit in die Rettungsinsel sollten, aber nicht ins Faß paßten: Wasserkanister, Schokolade, Müsliriegel und die Seenot-Rettungsboje, ein ziemlich teures Gerät, das Notsignale an einen Satelliten funken kann, der dann wiederum ein Überwachungszentrum in den USA alarmiert. Anhand eines speziellen Codes konnte die Zentrale wissen, daß wir es waren, Petra und Marcel von der dann vermutlich schon untergegangenen *Baal*, die da in der Patsche saßen, und die Rettung organisieren. So weit die Theorie.

Tatsächlich konnte es auf abgelegenen Ozeanstrecken durchaus vorkommen, daß sich so weit ab von Schifffahrtsrouten und nationalen Hoheitsgewässern niemand zuständig fühlen würde, uns Schiffbrüchige aufzugabeln. Trotzdem empfanden wir es als beruhigenden Gedanken, daß, wenn einen schon die Umstände in dieses überdachte Gummiboot namens Rettungsinsel zwingen, zumindest jemand weiß, was und wo man gerade treibt. Und außerdem waren wir ja erst mal in der vergleichsweise küstennahen Biskaya unterwegs, wo der Seenotkreuzer keine ungebührlich weite Anfahrt hätte.

Täglich stand nun auf dem Marinasteg ein Kreis von Skippern zusammen und diskutierte den besten Zeitpunkt für den Start über die Biskaya. Mein Computer und ich hatten inzwischen so viel Verständnis für den Wetterfunk entwickelt, daß ich in diesem weitgereisten Kreise eine kleine Hauptrolle spielen durfte. Ich empfing nämlich die Fünf-Tage-Vorhersagen des Deutschen Wetterdienstes, die jetzt sehr gefragt waren, weil sie die gesamte Überfahrt abdeckten. Die englischen Prognosen, die man per Faxabruf im Hafen erhielt, reichten nur drei Tage weit, und Helmut, der gerade mit seiner Frau Hannelore zur zweiten Weltumsegelung ansetzte, hatte allen erzählt, daß sie am letzten Tag ihrer vorigen Biskaya-Überquerung einen schlimmen Sturm auf die Nase gekriegt hatten.

Am Dienstag, 4. August, eine Woche nach unserer Ankunft in Falmouth, gab ich dann das Signal zum allgemeinen Aufbruch. Der Wetterdienst hatte gefunkt, daß uns endlich das vorerst letzte einer ganzen Kette lästiger Tiefdrucksysteme passiert habe. Der Wind würde auf Nordwest herumgehen und am dritten Tag gar über Nord auf Nordost drehen.

»Na, das ist doch, was der Arzt uns verordnet hat«, erklärte Helmut zufrieden, rief Hannelore vom Plausch auf dem Nachbarboot zurück und legte ab. So routiniert gelang unser Start nicht. Und während sich der Hafen langsam leerte und Petra noch schnell einen großen Topf Gemüsegulasch kochte, hetzte ich dreimal in den große *Tesco*-Supermarkt am anderen Ende der Stadt, weil uns plötzlich Lücken im Bordproviant einfielen.

Wir waren schon ein bißchen nervös, aber vor allem freuten wir uns: auf die neue Erfahrung einer richtigen Ozeanstrecke, auf den Süden, auf das Ende der Küsten-Zuckelei. Ehrlich gesagt war unser großes Abenteuer seglerisch gesehen bisher nicht wesentlich anders verlaufen wie der normale Urlaub eines Freizeitskippers auch.

Zwei Stunden nachdem die grünen Hügel Englands im Meer versunken waren, verspürte ich zum letzten Mal richtigen Hunger.

»Was hältst du von einem Sandwich?« schlug ich vor.

»Einverstanden«, antwortete Petra und wand nicht den Blick von den Wellenbergen, die unablässig von Westen heranrollten.

Solche Seen hatten wir in der Nordsee nicht gesehen. Jede Woge schob unsere Welt zusammen. Ein Wellenkamm schulterte den Horizont, trug ihn hoch hinauf und uns entgegen, bis der gesamte Atlantische Ozean in Richtung des Sonnenuntergangs nur noch aus der heranrollenden, drei oder vier Meter hohen Wasserwand bestand. Schon schien eine Dusche unvermeidlich, da warf sich *Baal* auf die Seite, schüttelte sich und schoß himmelwärts, bis sie prustend die Schaumkrone durchstieß und ins nächste Tal glitt. In den vergangenen zwei Stunden bestand unsere Konversation hauptsächlich aus begeisterten Juchzern – Kinder, die das erste Mal Achterbahn fahren.

Stullen schmieren ist in solcher See kein Spaß. Ich gurtete mich in der Kochecke an und nahm Brot, Brett und Messer aus dem Schrank. Dann gurtete ich mich wieder los, um das Brot aus der Kajütecke zu klauben, wohin die Bootsbewegungen es katapultiert hatten. Das Brett flog mir gegen die Beine, aber das Messer verfehlte mich. Zweiter Anlauf: Ich schüttete die Utensilien in die Spüle und versuchte, in der schmalen Vertiefung einige Scheiben herunterzusäbeln. Das Ergebnis glich eher einer seismographischen Umsetzung des Wellenbildes als einer tragfähigen Unterlage für Butter, Käse, Tomaten und Oliven. Dritter Versuch: Ich hockte mich auf den Boden, hielt das Schneidebrett zwischen den Füßen fest und angelte die Zutaten der Reihe nach aus dem Waschbecken. Das funktionierte, wenn man davon absah, daß einige Oliven in schwer zugängliche Ecken rollten und ich anschließend den Kajütboden wischen mußte. Als ich die Sandwiches ins Cockpit balancierte, fiel mir bei einer besonders heftigen Bewegung die Hälfte herunter. »Macht nichts«, sagte ich zu Petra, »ich krieg sowieso nichts mehr runter.«

Bei uns waren auf See die Verhältnisse klar geregelt: Ich kochte und spülte, Petra trocknete ab, weil sie dafür nicht in die Kajüte mußte. Ebenso bei der Schiffsführung: Petra erledigte die Dinge, die im Cockpit anfielen, ich übernahm die Deckarbeit. Die Rollenverteilung stammte noch aus unserer seglerischen Anfangszeit, als ich, so sind Männer nun mal, unwillkürlich davon ausging, daß mein Magen seefester und meine Beine trittsicherer wären. Wie sich herausstellte, stimmte das nur fürs Herumlaufen an Bord, bei dem Petra sich schon mal eher aus dem Gleichgewicht bringen läßt. Was Seekrankheit angeht, haben wir jedoch beide Stärken und Schwächen, die sich glücklicherweise ergänzen. So vertrage ich Amwind-Kurse, auf denen es in hoher Welle hoch und runter geht, nicht so gut. Kein Problem für Petra, die dafür keine Vormwind-

Kurse mag, wenn *Baal* wie betrunken hin und her schwankt. So richtig schlimm, daß wir uns übergeben mußten, wurde unsere Übelkeit glücklicherweise nie. Und nach ein paar Tagen war das Thema vorbei; unsere Körper hatten sich den Bewegungen angepaßt.

Noch war es aber bei mir nicht so weit. Petra verzehrte mit Behagen ihre Brote, während ich versuchte, tief durchzuatmen, angestrengt den Horizont beobachtete und einsilbige Antworten gab. Zum Abendessen das gleiche Spiel. Ich war wieder so weit hergestellt, daß ich Petras leckeres Gulasch aufwärmen konnte, aber als ich die Teller hinaus ins Cockpit reichte, wo wir unterwegs immer aßen, sofern es nicht regnete, verging mir beim Anblick der dampfenden Bröckchen entschieden der Appetit.

»Stell dich nicht so an«, sagte Petra auch noch, »ich hab mir bei der Zubereitung solche Mühe gegeben.«

Es gehört wohl zu den Mustern menschlichen Zusammenlebens, daß Seekranke bei davon nicht Betroffenen kaum auf Verständnis hoffen dürfen.

Wenigstens durfte ich mich schon um zwanzig Uhr hinlegen, da Petra die erste Wache übernahm. Auf See schliefen wir aus zwei Gründen in der Hundekoje direkt neben dem Kajüteingang und nicht im Vorschiff: Die Bootsbewegungen waren vorne noch heftiger, und dann konnte man sich in dem Doppelbett nicht so gut gegen die Schaukelei verkeilen wie in der schmalen Hundekoje. So konnten wir außerdem die vordere Kajüte als Rumpelkammer benutzen. Denn auf See droht das Chaos schnell überhand zu nehmen, weil nichts bleibt, wo es abgelegt wurde. Wir gewöhnten uns deshalb an, Pullover, Bücher, Schokoriegel und überhaupt alles, was man gerade nicht benötigte, vorne wegzustauen. Nachteil dieser Raumaufteilung war allerdings, daß der Salon Ruheraum wurde. Sobald sich einer von uns hinlegte, blieb der andere draußen im Cockpit, um die Freiwache nicht aufzuwecken.

Um dreiundzwanzig Uhr mußte ich trotzdem raus.

»Zieh dich warm an, es ist schweinekalt«, sagte Petra und verschwand mit Skiunterwäsche und Fliessocken in der von mir angewärmten Koje. Ich stieg ebenfalls in Thermounterwäsche, darüber Faserpelzhose, Sweatshirt und Kuschelpulli, doppelte Socken und Wollmütze, dann Ölhose und -jacke und schließlich noch den Sicherheitsgurt, da wir es uns zur Regel gemacht hatten, uns nachts immer anzuschnallen, selbst wenn wir ruhig im Cockpit saßen. Ich sah aus wie das Michelin-Männchen und litt unter Hitzewallungen, aber die gaben sich ziemlich schnell, sobald ich draußen in der Nachtluft saß.

Es war sternenklar und stockdunkel, und die wesentlichste Lichtquelle in dieser Nacht waren die flooreszierenden Schaumkronen der Wellenkämme, die immer noch majestätisch aus Nordwest heranrollten. Der Wind hatte seine Stärke von vier bis fünf Beaufort beibehalten, fiel jetzt jedoch etwas nördlicher ein, so daß wir nicht mehr exakt auf Kurs waren. Während des Segelns verließen wir uns stets auf unsere Windselbststeueranlage, eine ebenso einfache wie geniale Konstruktion, ohne deren Hilfe wir jetzt bestimmt nicht hier wären, denn sowohl Petra als auch ich mögen es nicht, selbst Ruder zu gehen. Die Anlage besteht aus einer festen Windfahne und einem Ruderblatt an Stahlrohren, die über zwei Zahnräder verbunden sind. Um den Kurs zu korrigieren, mußte ich den Hebel, der die Zahnräder arretiert, lösen. Ich lenkte nun mit der kleinen Pinne des Selbststeuers, und sobald am Kompaß die gewünschten 220 Grad anlagen, legte ich den Sperrhebel wieder um. Fahne und Ruder standen nun in einem neuen Winkel zueinander, der dem geänderten Einfall des Windes zu unserem Kurs entsprach. Falls *Baal* von dieser Ideallinie abwich, würde der Wind das Fähnlein drehen und so über die Zahnradverbindung Ruder legen, bis sie wieder in die voreingestellte Richtung fuhr. Die gesamte Apparatur war freilich kein Präzisionsmechanismus; Feinheiten regelten wir mit dem Hauptruder, dessen Pinne mit zwei Stricken nach links und rechts fixiert war. Das geschah je nach den Segelbedingungen nur einmal pro Wache oder auch alle paar Minuten, ging aber bequem im Sitzen und war deshalb nicht weiter aufwendig.

Weil mit der Kursänderung der Winddruck in den Segeln nachließ, hangelte ich mich zum Mast vor, um dort die beiden Reffs auszuschütteln, die wir bislang im Groß hatten. Dabei hob ich meine Sicherheitsleine, die im von vorne nach achtern verlaufenden Strecktau eingepickt war, vorsichtig an, damit das Schlurfen des schweren Karabinerhakens über Deck Petra nicht aufweckte. Als auch dies erledigt war, blieb mir nichts weiter zu tun, als mich in eine windgeschützte Ecke des Cockpits zu hocken und zu frieren, bis um zwei Uhr die Ablösung nahte.

Streng genommen befanden wir uns noch gar nicht in der Biskaya, sondern nördlich davon im Westausgang des Englischen Kanals, der der meistbefahrenen Schiffahrtsroute der Welt. Wir hatten uns vorgenommen, deshalb strikt Wache zu halten, obwohl hier draußen, abgesehen von einem gelegentlichen Licht am Horizont, wenig zu sehen war. Trotzdem weckte mich Petra jedesmal, wenn in ihrer Schicht irgendwo Positionslaternen anderer Schiffe flackerten. Sie besaß zu Anfang unserer Reise noch keine Routine im nächtlichen Abschätzen von Entfernungen und Interpretieren der Lichterführung und hätte deshalb bei unserer bislang einzigen Nachtfahrt dieser Reise von Portsmouth nach Plymouth fast ein Fischerboot gerammt. So war ich froh, als ab der zweiten Nacht der Schiffsverkehr ganz aufhörte.

Morgens fühlten Petra und ich uns ziemlich zerschlagen und verkatert, als ob wir die Nacht in einer Discothek durchgetanzt hätten. Was im gewissen Sinne auch stimmte. Denn um die unaufhörlichen Bootsbewegungen auszugleichen, war der Körper immer in Aktion. Leider galt das auch für die Zeit im Bett, obwohl wir die Hundekoje extra mit Kissen und Decken ausgestopft hatten. Doch, wie Petra in einem Brief an Freunde schrieb: »Äußerlich lagen wir still, aber innerlich rutschten die Knochen auf der Haut herum, so sehr wurden wir gebeutelt.«

Unser Etmal war für all diese Mühsal etwas enttäuschend: 111,7 Seemeilen in 24 Stunden, ein Schnitt von 4,6 Knoten. Wir hatten das Gefühl gehabt, schneller zu sein. Wahrscheinlich hatte uns eine ungünstige Strömung aufgehalten. Inzwischen hatten wir jedoch die geographische Breite von der französischen Insel Ouessant passiert und waren dem Kanal mit seinen wechselnden Tiden auch offiziell entronnen. Allerdings schlief der Wind ein. Und weil wir uns nicht länger als nötig in diesen übel beleumundeten Gewässern aufhalten wollten, warfen wir den Motor an. Eine kluge Entscheidung: Schwedische Segler, die darauf verzichteten, kamen drei Tage später in Spanien an, obwohl sie gleichzeitig mit uns gestartet waren. Der Nachteil war allerdings, daß wir unter Maschine von Hand steuern mußten, weil die Windselbststeueranlage ohne Wind nun mal nicht funktioniert. Bis drei Uhr nachts dauerte die Fron an der Pinne, dann kam der Nordost, den wir ja laut der Wettervorhersage auch erwarten durften. Weil ich faul war, rollte ich nur die Genua aus, was vom Cockpit aus ging; das Großsegel kam erst nach dem Frühstück dazu.

Dumm nur, daß die Wellen nach wie vor aus Nordwest kamen, also im 90-Grad-Winkel zum Wind. Unter solchen Bedingungen stützen die Segel nicht, und *Baal* schwankte wie eine Schiffsschaukel auf der Kirmes. Immerhin erwackelten wir uns ein Etmal von 117,6 Seemeilen, das sind 4,9 Knoten mittlere Geschwindigkeit: schon besser. Das Bordleben litt allerdings ziemlich unter den extremen Bootsbewegungen. Man konnte eigentlich nichts machen, außer sich in eine Cockpitecke hocken und lesen. Schon beim Kekseholen kriegte man blaue Flecken, weil irgendeine Welle einen immer auf dem falschen Bein erwischte. Wenn ich die Toilette benutzen mußte, stützte ich mich mit Händen und Füßen ab, damit ich nicht von der Schüssel geschleudert wurde. Der Seegang des Starttages, über den wir bereits kräftig geflucht hatten, kam uns jetzt nachgerade harmlos vor. Mein Versprechen an Ole, unsere Schleppangel auszuprobieren, kam uns in solchen Verhältnissen wie ein schlechter Witz vor.

Und es sollte noch heftiger werden. Nachmittags frischte der Wind soweit auf, daß ich das Groß wieder barg und wir nur unter dem halb weggerollten Vorsegel liefen. Es hatte sich eine regelrechte Kreuzsee aufgebaut, mit der Windsee aus Nordost und der alten Dünung aus Nordwest. Diesmal verweigerte sogar Petra das Gemüsegulasch, von dem wir immer noch einen Rest über hatten.

Mittlerweile waren wir wirklich auf hoher See. Genau 5250 Meter über dem Meeresgrund, wie ich sah, als ich mit Bleistift unsere Position in der Karte ankreuzte.

»Na und?« fragte Petra gereizt, als ich ihr das erzählte.

Sie nahm mir immer noch übel, daß ich am Morgen über ein Mißgeschick gelacht hatte. Petra hatte nämlich beschlossen, sich mal wieder richtig zu waschen. Sie stellte sogar einen Kessel Wasser auf den Herd, und verstöpselte das Becken im Bad mit dem zurechtgefeilten Champagnerkorken, den wir verwendeten, seit der Originalverschluß beim Großreinemachen vor der Abfahrt in Falmouth auf unerklärliche Weise verschwunden war. Als sie das angewärmte Wasser hineingoß, rauschte eine besonders steile Welle heran. *Baal* rollte einmal nach links und einmal nach rechts.

»Kannst du mir sagen«, fragte Petra und blickte erst aufs wieder leere Waschbecken, dann auf ihre quitschnasse Kleidung, »kannst du mir sagen, warum wir uns das antun?«

Ich hatte nur gelacht. Doch später, beim nachmittäglichen Versöhnungstee, mußte ich eingestehen, daß auch ich erschrocken darüber war, wie anstrengend und unbequem Blauwassersegeln war. Dabei waren wir erst gut drei Tage unterwegs, und eine Atlantiküberquerung konnte leicht einen ganzen Monat dauern.

»Ohne mich«, sagte Petra, »laß uns ins Mittelmeer fahren.«

Das hatten wir schon immer sozusagen als Plan B für unser Segeljahr im Auge gehabt. Wenn wir die Biskaya hinter uns hätten, müßten wir nur noch die spanische und portugiesische Atlantikküste runterzuckeln und schließlich links Richtung Gibraltar abbiegen. Ein Kinderspiel.

»Laß uns erst einmal ankommen«, versuchte ich eine voreilige Entscheidung abzuwenden. Wir hatten ein Etmal von 121 Meilen geschafft, erstmals über fünf Knoten im Schnitt.

»Wenn's so weiterläuft, sind wir in 22 Stunden in La Coruña«, sagte ich Petra, um sie aufzuheitern. Ursprünglich hatten wir überlegt, vielleicht einen Tag dranzuhängen und Kap Finisterre zu runden. Weil, wie es im Handbuch heißt, »der eigentliche Süden erst hinter dem Kap beginnt«. Jetzt wollten wir nur noch so schnell wie möglich in den nächsten Hafen.

Den Höhepunkt der Schaukelei erreichten wir in der Nacht. Es wehte fast mit Sturmstärke. Trotzdem mußten wir nichts an den Segeln machen, da wir schon seit Sonnenuntergang lediglich die Sturmfock gesetzt hatten. Überraschenderweise schlief der Wind am Morgen ein – um einem anderen Spuk Platz zu machen: Seenebel, für den die spanische Atlantikküste berüchtigt ist. Um sieben Uhr morgens, eine Stunde zuvor preschten wir noch unter Sturmsegeln dahin, war ich gezwungen, den Motor zu starten und Petra zu wecken. Verflixt: Tagelang hatten wir keine Schiffe um uns gehabt; nun, in diesem Nebel mit unter 50 Metern Sichtweite, hörten wir gleich mehrere rings um uns tuten. Petra mußte gemeinsam mit mir Ausguck halten, weil in der feuchten Luft meine Brille ständig beschlug. Glücklicherweise schaffte es die Sonne im Laufe des Vormittags, den Nebel etwas aufzulösen. Ohne Sicht wäre es unverantwortlich gewesen, den geschäftigen Hafen von La Coruña anzulaufen. Kurz vor dem Ziel hätten wir abdrehen und an sicherer Stelle ankern müssen, bis sich die Verhältnisse besserten.

Aber dann bescherte uns die diesige Luft einen unerwarteten Abschluß unserer Biskaya-Überquerung. Noch als wir in die Bucht einliefen, sahen wir kaum mehr schemenhaft undeutliche Berge im Hintergrund. Schließlich schob sich eine häßliche Mauer aus dem Dunst, der Wellenbrecher, den wir umfahren mußten. Noch als wir den rundeten, nichts als Suppe. Doch dann riß es plötzlich auf, und wir sahen: Paläste, Kirchtürme, ein Meer weißer, Häuser mit roten Dächern, über einen Hügel gegossen. Wir hatten überhaupt keine Vorstellung gehabt, wie La Coruña überhaupt aussieht. Nun waren wir überwältigt. Beim Anlegen in der Marina bestätigten wir uns gegenseitig: »Mensch, da haben wir ja was richtig Schönes erreicht.«

Noch nicht im Paradies

La Coruña – Sines (Portugal),
8. August bis 19. September 1998

»Guck mal!« rief ich und streckte der Bikinischönheit neben mir den blanken Bauch entgegen.

»Und was gibt's da zu sehen?«

»Schweiß!« Petra setzte sich auf, schob die Sonnenbrille hoch und betrachtete einen Moment die glitzernden Tropfen auf unseren Leibern.

»Toll, nicht wahr.«

Bestimmt würden wir morgen die Hitze nicht mehr so toll finden, in einer Woche würden wird sie verfluchen. Aber jetzt gerade konnte es uns nicht besser gehen. Wir hatten Spaniens Sonne, kein Geschaukel und ein wüstes Durcheinander an Deck, nachdem wir alle Bettwäsche und Bootspolster ans Licht gezerrt hatten. Egal: Auf den Cockpitbänken konnten wir uns immer noch langlegen, dort hielten wir Siesta und lüfteten Körper und Seele.

Und abends gingen wir aus. Tappas essen. Das hatten wir aus irgendeinem Grunde noch nie gemacht, doch wir fühlten uns reif für neue Erfahrungen. Da wir erst noch die kalten Duschen des königlichen Yachtclubs frequentierten, kamen wir recht spät los, aber durch die Altstadt schoben sich immer noch die Menschenmassen. Auch

wenn wir den in südlichen Ländern beliebten Brauch
kannten, nächtens im Familienverband mit Kind und
Greis durch die Gassen zu flanieren, kam uns der Auflauf
irgendwie surreal vor. Was vermutlich daran lag, daß wir
in den vergangenen Tagen mit uns und dem Meer allein
gewesen waren und die Weite, die Wellen und der Wind
einen tiefen Eindruck hinterlassen hatten.

Als der Kopf zu schwirren begann, retteten wir uns in
eine Tappasbar, deren Decke voller Schinken hing; ein
typischer Schmuck in den hiesigen Lokalen, der offenbar
sowohl der Geschmacksverbesserung durch Zigaretten-
qualm diente als auch der Zurschaustellung der fleisch-
lichen Genüsse, die den Gast erwarteten. Wir sind, was
Speisen vom Tier angeht, ein wenig pingelig und hätten
also gewarnt sein können, daß hier recht derb aufgetischt
wird. Allerdings war unser kleiner Sprachführer mit den
lukullischen Feinheiten der galicischen Küche überfordert, und so bestellten wir eben unbekannterweise die
obersten vier Gerichte der Tappasspeisekarte. Wir erhielten Schweineschwarte, Innereien, Kutteln. Und wären
wohl hungrig ins Bett gegangen, wenn nicht schließlich
Käsekroketten zu unserer Rettung aufgetaucht wären.

Nach der Biskaya-Überquerung hatten wir wieder etwas Luft im Zeitplan. Der *Atlantic Crossing Guide* riet,
Europa Ende September zu verlassen. Bis dahin blieben
uns gut sechs Wochen, um die spanische und portugiesische Atlantikküste zu erkunden. Daß das gar nicht so üp-
pig war, wie wir dachten, erfuhren wir von Uwe und Eckhard, die mit ihrer *Sonnenwind* schon drei Wochen in La
Coruña festlagen. Sie wollten Kap Finisterre nicht bei
Starkwind runden, aber der Wetterbericht kündigte mit
schöner Regelmäßigkeit Nordost mit Stärken zwischen
sechs und neun an. Grund dafür war eine für Segler eigent-

lich erfreuliche meteorologische Konstellation. Zwischen dem Azorenhoch und dem Hitzetief, das im Sommer meist über Zentralspanien liegt, entsteht eine Luftströmung, die wegen ihrer Richtung und Zuverlässigkeit Portugiesischer Passat oder Norder genannt wird. Damit würden auch wir bequem in den Süden gelangen, sobald wir einmal an Finisterre vorbei wären. Dort allerdings befindet sich eine Art Stromschnelle in der Luft, weil Bergketten den Wind umlenken und zusammenpressen. Während es beispielsweise draußen auf offener See mit fünf Beaufort briste, dräute es deswegen am Kap mit sieben bis acht.

Soviel hatten wir auch in unserer letzten Nacht vor der Ankunft in Spanien. Also glaubten wir mit einiger Berechtigung zu Uwe und Eckhard sagen zu können: »Stellt euch nicht so an!« Sicher würde es etwas rauh werden, doch wenigstens käme der Wind von achtern, und außerdem handelte es sich um ein lokal begrenztes Phänomen. Ohnehin mochten wir nicht so recht an einen stürmischen Tag glauben, als wir uns nach einer Woche in La Coruña und einer benachbarten Ankerbucht wieder auf den Weg machten. Kap Finisterre war schließlich 80 Seemeilen weg, bis dahin wollten wir noch zweimal in kleinen Fischerorten übernachten. Und außerdem herrschte dem Wetterbericht zum Trotz Totenflaute. Die ziemlich hohe Dünung ließ allerdings ahnen, daß es nicht überall so ruhig zuging.

Als der Wind dann kam, kam er mit erstaunlicher Schnelligkeit. Unser Vorsegel können wir dank der Rollreffanlage leicht vom Cockpit aus verkleinern. Doch fürs Groß mußte ich jedesmal zum Mast, was in der steilen Welle kein Vergnügen war: erst zum Setzen des Segels; eine viertel Stunde später, um das erste Reff einzubinden;

zehn Minuten darauf fürs zweite. Vielleicht war ich danach ein bißchen träge, vielleicht hatten wir einfach nur Pech. Jedenfalls zeigte das Anemometer auf einmal acht Beaufort an, und *Baal* prügelte sich in Schräglage durch die See wie ein Punk, der Pogo tanzt.

Ich sagte gerade: »Wenn die Böe länger anhält, muß ich das Groß ganz runternehmen«, als plötzlich eine Welle anrauschte, die deutlich größer war als die vorherigen. Wobei Anrauschen durchaus akustisch gemeint ist. Es rauschte so laut und nah, daß ich mich umdrehte. Oder vielleicht guckte ich auch, weil ich Petras erschreckten Gesichtsausdruck sah. Sie saß wegen der Schräglage auf der Lee-Cockpitbank, also unten und dem Wind zugewandt, ich ihr in Luv gegenüber.

Die Woge war keine breite Wand, eher ein Hügel, der zu den Seiten wieder verflachte, im Gipfel vielleicht vier Meter hoch. Einen Moment glich er der Wasserkuppe, dann bekam er einen Steilhang, auf dem auch ein kleines Abfahrtsrennen stattfinden könnte, und prompt ging eine Lawine aus weißer Gischt nieder. Nun verwandelte sich der Hügel in einen riesigen Gorilla, der drohend neben *Baal* hochkletterte und sich von oben auf uns stürzte.

»Festhalten«, schrien Petra und ich gleichzeitig. Dann klatschte es, spritzte und gluckerte.

Ich stand kalt geduscht senkrecht auf der gegenüberliegenden Rückenlehne und japste nach Luft; Petra landete im Dach der Sprayhood, den Kopf unter Wasser, die Beine strampelten mir entgegen. Und wieder zurück: Petra kullerte aus dem Spritzverdeck hinunter auf den Cockpitboden, ich lag quer über die Sitzbänke auf dem Rücken und guckte mit großen Augen in den blauen, unschuldigen Himmel.

Später haben wir uns gefragt, wie lange *Baal* auf der

Seite lag, ob vielleicht sogar die Mastspitze ins Wasser tauchte. Wir können es nicht sagen. Einerseits ging alles so schnell, andererseits verloren wir Zeitgefühl und Orientierung, als der Brecher uns untermangelte. Immerhin hatte keiner von uns Wasser geschluckt, was darauf hinweist, daß wir nicht lange abgetaucht waren, bis sich unser Boot wieder aufrichtete. Die Superwelle hatte sich vermutlich aus zwei Wogen gebildet, die kreuzweise aufeinander zuliefen und sich überlagerten. Genau neben uns überschlug sie sich fast wie eine Brandungswelle, die unser Boot kippte, zur Seite spülte und aus dem Kurs warf. Als *Baal* wieder auf die Füße kam, lag sie ohne Fahrt und mit knatternden Segeln da, aus den Speigatten floß das Wasser.

Während Petra die Pinne herumriß, war ich schon unterwegs zum Mast und barg das Großsegel, bevor das flatternde Tuch etwas kaputtschlug. Bis auf einen kleinen Rest der Rollgenua vom Segeldruck befreit, ging *Baal* sofort weicher durch den Seegang und wollte auch nicht mehr mit der Nase in den Wind drehen, sobald eine heftigere Böe einfiel.

Als ich wieder im Cockpit war, nahmen wir uns erst einmal in die Arme und sagten gar nichts. Später erzählte mir Petra allerdings, daß bei ihr gerade eine Seglerwelt zusammengebrochen war. Zwar hatte *Baal* uns schon vorher öfters mal gehörig durchgeschüttelt. Aber die feindlichen Elemente waren außen vor geblieben, während die tapfere, kleine Yacht uns wohlbehalten durch die aufgewühlte Natur trug. Jetzt schien ihr unser schwimmendes Heim plötzlich nicht mehr sicher.

»Wie einfach uns diese Welle umwerfen konnte«, staunte Petra.

Ich wollte auf *Baal* nichts kommen lassen und betonte:

»War es nicht toll, wie schnell unser Boot wieder auf die Beine kam? Mir gibt das ein gutes Gefühl.« Allerdings hatte ich meine seglerische Laufbahn auf Jollen begonnen und war Kenterungen gewöhnt. Vielleicht spielte auch eine Rolle, daß Petra unglücklicher als ich gestürzt war, als *Baal* flach aufs Wasser gedrückt wurde. Ohne das Spritzverdeck wäre sie ins Meer geplumpst. Keine verlockende Aussicht, obwohl ich Petra dank der Sicherheitsleine, die wir beide trugen, schnell wieder an Bord hätte holen können.

Jedenfalls war die Atlantiküberquerung für uns gestorben. Wir sprachen darüber, während wir abends in der Ankerbucht von Corme lagen, wir fühlten uns bestätigt, als wir tags darauf, nach einem kurzen Motortörn bei flauem, bewölktem Wetter, im Fischerdorf Camariñas einliefen: In Südeuropa ist es doch auch schön! Dazu noch viel interessantere Architektur, Geschichte und Kultur, als wir in der Karibik je finden würden. Wir könnten Italien, Griechenland, die Türkei, Israel und Nordafrika besuchen. Und schließlich über die französischen Flüsse und Kanäle nach Deutschland zurückkehren. Eine hübsche Tour wäre das – ohne nervenzerrüttende Abenteuer, Anspannung und Herausforderungen, denen wir vielleicht nicht gewachsen wären. Die Biskaya-Passage und der Niederschlag hinter La Coruña hatten uns Grenzen aufgezeigt. Mitunter mochten Grenzerfahrungen ja wichtig sein.

»Aber wir machen doch keine Survivaltour«, sagte Petra: »Wir sind auf Hochzeitsreise, und ich will später nicht mit Grausen daran zurückdenken müssen.«

Prompt schien die Natur uns dafür zu belohnen, daß wir dem Ehrgeiz entsagten.

»Heute ist unser bislang schönster Segeltag«, schrieb ich unterwegs von Camariñas nach Muros ins Logbuch.

»Wir haben frischen Rückenwind und segeln unter Vollzeug.«

Sogar die ersten zwei Delphine unserer Reise sahen wir. Verglichen mit späteren Begegnungen war es nur eine Stippvisite. Die Tümmler zeigten ein paar Sprünge und verzogen sich dann in Richtung einiger Fischkutter, die mit ihren Netzen offenbar interessantere Objekte ihrer Neugier waren. Yachten, die von Delphinen besucht werden, gelten als vom Glück begünstigt. Am Tag nach der Entscheidung für das Mittelmeer betrachteten wir den Premieren-Besuch der Meeressäuger als bestätigendes Omen.

Auch Kap Finisterre erwies sich als gnädig. Selbstverständlich briste es auf, das ging in seiner Nähe gar nicht anders. Doch der Seegang blieb deutlich unter dem Niveau der Vortage. Durch Schaden klug, bargen wir rechtzeitig das Groß und rundeten das Kap problemlos unter gerefftem Vorsegel. Nicht die Stärke des Windes überraschte uns, sondern seine Temperatur. Innerhalb von wenigen 100 Metern erwärmte sich die Luft um bestimmt fünf Grad. Wir waren zunächst völlig verblüfft, zumal wir nach einer Kursänderung Gegenwind hatten, der normalerweise als kühler empfunden wird als eine Backstagsbrise. Ein Blick auf die Karte enträtselte das Phänomen: Die Küste verlief bislang parallel zur herrschenden Windrichtung. Wir waren also in einer Luft gesegelt, die Hunderte Seemeilen über kaltes Wasser geweht war. Nun, hinter Kap Finisterre, kam der Wind von Land her und hatte sich über von der Augustsonne gedörrtem spanischem Boden tüchtig aufgeheizt.

Der Wind war nicht nur warm, er duftete auch: ein bißchen nach Gewürzkräutern, ein bißchen nach Wald, ein bißchen nach – Holzfeuer.

»Guck mal, dahinten brennt's«, rief Petra und wies auf

einen dicht belaubten Berghang, auf dem wir sogar aus unserer Entfernung die Flammen mehr als baumhoch lodern sahen. Und noch während wir nach Muros aufkreuzten, lief rings um uns der Feuerwehreinsatz an. Helikopter flogen an mit riesigen Eimern, die sie an Seilen ins Meer tauchten und über den Waldbränden entleerten. Und Löschflugzeuge landeten rings um uns in der Bucht und pflügten in rauschender Fahrt durchs Wasser, bis die Tanks gefüllt waren und sie mit ohrenbetäubendem Krach durchstarteten. Weil wir nicht ahnten, daß uns die Feuer samt der lärmenden Löschversuche während unseres gesamten Aufenthaltes in Muros erhalten bleiben sollten, liefen wir vom Spektakel aufgekratzt und bester Stimmung im Hafen ein.

Am dritten Tag hatten sich die Flammen den Außenbezirken von Muros genähert. Der Qualm zog jetzt durch die verwinkelten Gassen und vernebelte unseren Panoramablick durch *Baals* Kajütfenster auf die Häuser der Altstadt, die sich pittoresk an den Hang schmiegten. Am Hafen waberte das Gerücht, daß Grundstücksspekulanten die Brände gelegt hätten, um auf die heiße Weise aus Bergwald Bauland zu machen. Jedenfalls herrschte Dauerdämmerung in der Stadt, und die Touristen flohen in Scharen vor dem Ascheregen. Auch wir setzten uns für ein paar Stunden mit dem Bus nach Santiago de Compostela ab, in der Hoffnung, daß ein Erfolg der Löscharbeiten oder doch wenigstens eine Winddrehung den Aufenthalt im schönen Muros wieder erträglich machte. Doch als wir am Abend unsere Stegnachbarn Chrissie und Clive von der *Watercolours* auf einen Wein einluden, flog der Ruß bis in die Gläser. Und nach einigen Schlucken verrauchten Riojas beschlossen wir gemeinsam: Morgen hauen wir ab.

Kartennavigation im
Watt ist
Millimeterarbeit.

Motoren-Tausch in
Funchal, Madeira.

Navigationswettbewerb mit Sextanten auf Fuerteventura. Von
links: Gillian und John von *Riverdancer*, ich, Eddie (*Seagull*),
verdeckt dahinter Eric (*Dagmar*), Amber (*Riverdancer*) und
Helen (*Sulaire of Glasgow*).

Petras Meisterwerk in Horta, Azoren. Seit Jahrzehnten ist es
Brauch, daß vorbeikommende Yachten auf der Hafenmole ihre
Visitenkarte hinterlassen.

Ein Greenback Monkey auf St. Kitts.

Boatboy Binnie will für fünf EC-Dollar unsere Heckleine an
Land bringen und an einer Palme festbinden.

Ein soeben erlegter Pilotwal wird am Strand von St. Vincent geschlachtet.

Zu Hause bei Harpunier Vernon: Reich wird niemand vom Walfang auf St. Vincent.

Am Strand von La Graciosa auf den Kanaren.

Auf der ersten Atlantiküberquerung beutelten uns sechs Tage
lang starker Wind und rauhe See.

Während *Baal* unter Passatbesegelung gen Westen stürmt, zurrt Petra das Groß fest.

Eine Delphinschule schwimmt vor *Baals* Bug.

Der Wind hat etwas nachgelassen, ich kann ausreffen.

In der Bucht von Ares bei La Coruña fuhren wir mit dem Beiboot einkaufen.

Während eines
Schleusenstopps in
Holland staue ich das
Fenderbrett neu.

Baal auf Heimatkurs
vor Englands
Südküste.

Vor dem Auslaufen mußten *Baal* und *Watercolours* noch Trinkwasser fassen. Unsere Tanks waren leer und würden sich am nächsten Ziel, den unbewohnten Islas Cies, auch nicht füllen lassen. Doch im Hafen von Muros gab es nur einen mit Vorhängeschloß gesicherten Hahn, und die Fischer hüteten eifersüchtig den Schlüssel für das kostbare Naß. Also mußten wir vier mehrmals mit Kanistern quer durch die Stadt zu einem kleinen Strand laufen, wo es eine öffentliche Dusche gab und wir Wasser fassen konnten. Um während der Schlepperei überhaupt atmen zu können, banden wir uns Tücher vor Mund und Nase. Die wenigen Leute, denen wir unterwegs begegneten, hatten sich ähnlich ausstaffiert – als ob in Muros die Jahrestagung der Bankräuber-Innung stattfände. Zurück an Bord bestand das größte Problem darin, das Wasser sauber durch die Stutzen im Deck einzufüllen, ohne den schwarzen Staub aufzuwirbeln, der Boot, Segel und auch uns selbst bedeckte. Sobald wir aus dem Rauch rausgefahren waren, schütteten wir erst einmal etliche Eimer Seewasser übers Deck und die eigenen Köpfe. Wegen der kalten Strömungen war das Wasser unangenehm frisch, aber es mußte sein.

Der Temperaturunterschied zwischen kühlem Atlantik und spanischem Festland verursacht häufig Nebel an dieser Küste, sobald die Luftfeuchtigkeit etwas höher liegt. Kaum waren wir dem Qualm von Muros entronnen, steckten wir in der nächsten dicken Suppe. Auch das bißchen Wind, das uns eben noch vorangetrieben hatte, schlief ein, wie das so häufig bei Nebel der Fall ist. Eigentlich wollten wir mit *Watercolours* im Konvoi segeln, doch wir verloren sie aus den Augen, obwohl sie nur 200 Meter entfernt war.

»Macht nichts, wir sehen uns bei den Islas!« funkten

Clive und ich uns zu. Wir hatten beide GPS, und die Satelliten-Navigatoren zeigten zuverlässig, wo es lang ging. Radar wäre noch besser gewesen, weil GPS einen ebenso zielsicher ans Ziel wie vor den Bug eines Supertankers führen kann. Trotzdem fühlten wir uns diesmal sicherer als vor La Coruña. Wir waren weit außerhalb der Schifffahrtsrouten, gingen verschärften Ausguck und gaben mit dem Nebelhorn Signale. Und vor allem hatten wir wieder mal Besuch von unseren persönlichen Glücksbringern, den Delphinen.

Ein komisches Gefühl war es dennoch, als Petra, die das GPS im Auge hatte, sagte: »Wir sind da!« Um uns herum dichter, grauer, nasser Nebel, von *Watercolours* oder den Islas war nichts zu sehen. Das Echolot zeigte vier Meter Tiefe an, doch das Wasser wirkte ebenso undurchsichtig wie die Luft. »Na gut, dann laß uns mal ankern.«

So richtig gut schlief ich nicht nach unserer Instrumentenlandung. Ich stand fast jede Stunde auf, um die Lage zu peilen und den Halt des Ankers zu überprüfen. Morgens lichtete sich der Nebel endlich etwas: Wir lagen 100 Meter vom Strand entfernt, 50 Meter weiter ankerte *Watercolours*. Petra und ich bauten unser Beiboot auf, um Chrissie und Clive zum Frühstück auf der Insel abzuholen.

Die beiden Engländer waren auf dem Weg zum Mittelmeer, um ein neues Leben anzufangen. Ihr bisheriges hatten der Mittfünfziger Clive und die zehn Jahre jüngere Chrissie in der Werbebranche verbracht. Dann hatten sie genug von der Hektik ihres Berufes. Sie wollten nur noch segeln, malen und vom Verkauf ihrer Bilder leben. Für die Biskaya-Überquerung benötigten die beiden elf Tage, weil Clive nicht den Motor anwerfen wollte. Das lag weniger an seiner fanatischen Einstellung als an der Ebbe in der

Bordkasse; verschwenderischen Umgang mit Dieselkraftstoff konnten sie sich nach all den Kosten, um *Watercolours* seetüchtig auszurüsten, einfach nicht mehr leisten. In La Coruña blieben die beiden über einen Monat, um finanziell wieder flott zu werden. Clive feierte kleine Erfolge bei der künstlerischen Gestaltung von Speisekarten für Restaurants.

»Es war fast wie früher in der Werbeagentur«, erzählte Chrissie, »nur nicht so anspruchsvoll und schlechter bezahlt.« Trotzdem besaßen die beiden einen Optimismus und Elan, den man nur bewundern konnte. Jemand hatte ihnen ein Computerprogramm zur Berechnung von Segel-Zuschnitten kopiert. Daraufhin besorgten sie sich ein paar Bahnen Dracon und eine Handnähmaschine. Falls der geplante Aquarell-Straßenverkauf nicht florieren sollte, würden sie sich eben als Segelmacher durchschlagen. Fest stand für Clive lediglich, »daß wir nicht zurück nach England gehen. Wir haben unsere Brücken abgebrochen«.

Die Islas Cies waren ein kleines Paradies. Dem Atlantik zeigten sie die Zähne aus schroffen Felsen, zur Bucht von Vigo hin, an deren Mündung sie lagen, hatte sich Sand angespült, der einen wunderschönen Strand ergab. Das Innere bedeckten Ginsterbüsche und kleine Nadelwälder. In der Konstellation der beiden Hauptinseln nebst mehren kleinen Eilanden bildeten sie zudem einen annehmbaren Ankerplatz, der, außer gegen südliche Winde, wohlgeschützt war. Unbewohnt, wie unser Handbuch behauptete, waren sie nicht; es gab vielmehr einen kleinen Campingplatz, auf dem einige Spanier Zelte aufgeschlagen hatten. Als Nachteil empfanden wir dies nicht. Im Gegenteil, so konnten wir an Land rudern und in dem angeschlossenen Laden Brötchen kaufen. Die sanitären Anlagen nutzten wir auch; inzwischen hatten wir uns daran gewöhnt, daß wir seit der Abfahrt aus England die Breiten verlassen hatten, in denen saubere Toiletten die Regel sind und waren in der Hinsicht hart gesotten.

Chrissie und Clive wollten länger an diesem idyllischen Ort bleiben, an dem – großer Vorteil – der Aufenthalt nichts kostete und die Möglichkeiten zum Geldausgeben begrenzt waren. Wir fuhren nach zwei Tagen weiter; in einer guten Woche würde unsere Freundin Monika in Lissabon eintreffen. Und damit das versprochene schwimmende Hotel vor Ort wäre, mußten wir noch ein gehöriges Stück hinter uns bringen. Kurzer Abschied von der *Watercolours*-Crew: Man sieht sich – schließlich wollen wir doch alle ins Mittelmeer.

Das Wetter hatte sich noch immer nicht geändert. Es blieb während der nächsten Tage flau und diesig, wenn es auch nicht mehr ganz so neblig war wie auf unserer Fahrt zu den Islas. Und so motorten wir mit drei Übernachtungsstopps über die Grenze nach Portugal und weiter südwärts bis Peniche, das im sonst geraden Küstenverlauf jene Nase bildet, die den Norden vom Süden des Landes scheidet. Es waren eintönige Touren mit wenig Abwechslung. Immerhin besuchten uns weiterhin täglich Delphine und zweimal kleine Vögelchen – kecke, grüngelbbraune Federbällchen in Spatzengröße, die sich sogar auf den Rand meines Buches setzten, während ich las. Sie fuhren über Stunden mit und benutzten *Baal* als Bodenstation für ihre Fliegenfang-Rundflüge. In unserer Kajüte schwirrten zwei Insekten herum. Ich jagte sie ins Freie, wo sie nach kurzem Luftkampf von unseren gefiederten Beifahrern gestellt und erlegt wurden.

Zwei andere Begebenheiten auf diesem Abschnitt waren nicht ganz so putzig. In Viana do Castelo, unserem er-

sten portugiesischen Hafen, vergaß ich, nach dem Diesel-
bunkern den Deckel wieder aufzuschrauben. Als Petra
später das Deck abspritzte, flossen etliche Liter Wasser in
den Tank, bis wir das Malheur bemerkten. Dabei genügt
schon ein Tropfen, um die Treibstoff-Einspritzdüsen im
Motor nachhaltig zu verstopfen. Wir mußten also den
Tank ablassen – eine echte Strafarbeit: Ich kroch in die
enge Backskiste am Heck und zapfte über Stunden kleine
Schalen Wasser ab, weil ein größeres Gefäß nicht mehr
zwischen Bootsrumpf und Tankventil paßte. Immerhin
hatte die gut geführte Marina Entsorgungsbehälter, in
denen wir die ölige Flüssigkeit guten Gewissens lassen
konnten.

Das zweite Ärgernis betraf ebenfalls den Motor. Aus
Leixões, dem häßlichen Hafen der wunderschönen nord-
portugiesischen Metropole Porto, schickte ich ein ver-
zweifeltes Fax zum Yanmar-Stammsitz in Japan, mit
Kopien an die Europa-Zentrale in Holland sowie die Nie-
derlassung Blankenberge: Trotz der zeitaufwendigen und
nervenzerrüttenden Reparatur, trotz des ganzen Hin und
Her verbraucht unsere Maschine nach wie vor Öl! Wir
haben Garantie auf den Motor, also stellen Sie das gefälligst ab.

Der Ton des Schreibens war scharf, verschaffte unserer
Wut aber nur kurzfristig Erleichterung. Nachdem der
Motor in Belgien wieder eingebaut worden war, hatte
man uns gesagt, daß wir ihn neu einfahren müßten. Und
in dieser Zeit, die der Mechaniker großzügig auf 70 Be-
triebsstunden festlegte, würde die Maschine womöglich
noch mehr Öl schlucken als zuvor, bis sich Ventile und
Kolben ordentlich eingeschliffen hätten. Tatsächlich stellte sich der Mehrverbrauch ein, aber er stellte sich nach 70
Stunden nicht ab. Auch nicht nach 100 und 150. In Tele-

fonaten riet uns Blankenberge erst, wir sollten mit höherer Drehzahl fahren, danach sollten wir eine geringere ausprobieren. Sie schlugen dies und jenes vor und legten schließlich einfach auf, wenn ich anrief: »Yanmar Blankenberge hallo?«

»Guten Tag, hier spricht Marcel Keiffenheim.«

»Tut, tut, tut, tut.«

Der Brief nach Japan brachte die Wende. Einen Tag später meldete sich die Europa-Zentrale auf unserem Handy und bat, daß wir uns in Lissabon mit der Portugal-Zentrale in Verbindung setzten. Dort würde eine zufriedenstellende Lösung des Problems gefunden.

Das war, neben Monikas Besuch, schon der zweite Grund, rasch nach Lissabon zu gelangen. Aber so einfach ging das nicht. Ein Hurrikan war, nachdem er die Karibik heimgesucht hatte, nordostwärts über den Atlantik gezogen und stand nun, immer noch orkanstark, 600 Meilen westlich von Portugal. Unter den Seglern herrschte helle Aufregung. Darf man sich noch hinauswagen, sollte man besser im Hafen bleiben? Etliche, mit denen wir die Lage diskutierten, warteten die Entwicklung lieber in Leixões ab. Wir schafften es, vom Termindruck vorangetrieben, bis Peniche, bevor die Ausläufer des Hurrikans uns einholten. Freilich kein Wind, es herrschte nach wie vor flaues, diesiges Wetter, sondern Wellen. Eine sechs Meter hohe Dünung rollte aus dem Sturmzentrum auf die Küste zu; wir spürten sie bis in den Hafen hinein. Die Brecher schlugen über die mächtigen Molen und spülten dort geparkte Autos weg. Während der Flut mußte die Feuerwehr den gesamten Hafenbereich sperren, wir Segler waren auf unseren Booten sicherer als die Bewohner der ufernahen Häuser.

»Kein Problem«, sagte Monika am Telefon, als wir ihr

die Situation schilderten, »ich steig in den Bus und komme zu euch.« Da hatte sie jedoch die Entfernung von Lissabon nach Peniche unterschätzt. Weil ihr Flieger Verspätung hatte und der letzte Bus schon weg war, nahm sie ein Taxi, was sie 150 Mark kostete. Aber nun war sie da und brachte uns den Sonnenschein zurück.

Während an Land Gespräche übers Wetter geradezu als Sinnbild des Banalen gelten, drehen sie sich für Segler um die wichtigste Daseinsfrage überhaupt. In der zivilisierten Welt gibt es wohl kaum noch ein Gruppe, deren Leben so von meteorologischen Einflüssen bestimmt wird wie das jener Menschen, die auf kleinen Booten weite Fahrten unternehmen. Und das gilt nicht nur für atmosphärische Großereignisse wie Sturm oder wochenlange Flaute. Schon eine kleine Winddrehung kann aus einer himmlischen Ankerbucht einen höllischen Aufenthaltsort voll ekliger kleiner Wellen machen, die einem die Seele aus dem Leib schaukeln. Und ein paar Regentage genügen, um die schwimmende Wohnung in luxuriöser Wasserlage in einen feuchten, modrigen Slum zu verwandeln. Größere Yachten mögen sich auch unter widrigen Bedingungen würdig halten. Doch mit jedem Zentimeter Wohnfläche weniger schwinden die Abwehrmöglichkeiten gegen vordringende Feuchte und allgemeine Ungemütlichkeit. Unser Neun-Meter-Boot empfanden wir in der Hinsicht als grenzwertig, wenngleich noch auf der »guten« Seite. Daß unsere dänischen Freunde Ole und Beth nach vier Jahren das Bordleben über hatten, mochte nicht zuletzt an den fehlenden 70 Zentimetern ihrer *Orca* im Vergleich zur *Baal* gelegen haben.

Monika fuhr zehn Tage mit, ohne von dieser Problematik das Geringste mitzukriegen. Die Sonne schien, der Wind wehte in der richtigen Stärke aus der richtigen

Richtung, und das Leben war schön. Zwar standen an unserem ersten gemeinsamen Segeltag noch Reste der alten Dünung, doch fanden diese wunderbarerweise nicht den Weg in die Bucht von Cascais unmittelbar vor Lissabon, die eigentlich unter Seglern wegen ihrer »Rolligkeit« verschrieen ist. Unter solch freundlichen Umständen wirkte das Drama, das sich hier ein halbes Jahr zuvor abgespielt hatte, wie eine gruselig-irreale Anekdote. Eine französische Yacht lief in die Bucht ein und hielt sich wegen der rauhen See und des starken Windes weiter draußen dicht unter Land. Doch die Portugiesen bauen vor Cascais eine Marina und hatten bereits die Hafenmole zum Teil aufgeschüttet, ohne dieses künstliche Riff ordentlich zu markieren. Ahnungslos segelten die Franzosen über die Baustelle und rissen sich den Kiel ab. Die Yacht sank in Minutenschnelle, alle Personen an Bord, ein Mann, eine Frau und ein Kind, ertranken.

In Sines wären wir dann fast selbst gegen einen frisch verlegten Betonklotz gefahren – freilich ohne solch dramatische Folgen gegenwärtigen zu müssen. Als wir nach fünf Tagen ausgedehnter Besichtigungen in Portugals Hauptstadt in den südlich von Lissabon gelegenen Hafen einliefen, standen auf dem Steg wild winkende Offizielle in Uniform. Petra erriet, daß sie uns meinten, und nahm Gas weg. Später erzählte uns der Hafenmeister, er und sein Kollege vom Zoll hätten den Kurs in die Luft gemalt, der uns an allen Unterwasser-Hindernissen vorbeiführte. Aber zunächst erschien uns das Gefuchtel völlig unverständlich. Dafür sahen wir eine freie Box am Steg. Dort wollten wir erst einmal anlegen und uns nach dem Grund der Aufregung erkundigen.

Petra hatte gerade wieder den Gang eingelegt, als ich von meiner Position am Vordeck schrie: »Stop, Leine im

Wasser.« Schon hingen wir mit dem Propeller drin. Glück im Unglück war, daß die Leine irgendwo befestigt war, daß wir nicht manövrierunfähig durch den Hafen trieben. So konnte ich in Ruhe Taucheranzug und -brille anlegen, ein Messer am Handgelenk festbinden und unsere Strick-Badeleiter ausbringen. Im Wasser sah ich gleich, woran die Leine hing, in der wir uns verfangen hatten: an einem riesigen Betonklotz kaum drei Meter neben *Baal*. Der Brocken sollte als Fundament für einen weiteren Anlegesteg dienen. Wären wir nur ein wenig weiter Backbord gefahren, hätten uns an ihm gehörig den Kiel gestoßen. Ständig gebe es Unfälle, obwohl er allen hereinkommenden Yachten den Gefahrenpunkt signalisiere, seufzte der Hafenmeister später. Ich fragte, warum er die Fahrrinne nicht mit grünen und roten Bojen unmißverständlich markiere. Das sei bereits veranlaßt, antwortete er, die würden in den nächsten Tagen ausgelegt. Bis zu unserer Abfahrt war freilich nichts geschehen.

Wir blieben einige Zeit im hübschen Sines, weil wir erstens Monika verabschiedeten, die per Bus abreiste. Und zweitens auf passenden Wind für den Atlantik warteten. Jawohl, Atlantik! Unser Sinneswandel war zuerst eine reine Kopfentscheidung, die wir während der eintönigen Motorfahrten in Nordportugal diskutierten: Fürs Mittelmeer kamen wir mittlerweile reichlich spät. Die Saison wäre wohl schon zu weit fortgeschritten, um unsere Reisepläne noch verwirklichen zu können. Statt dessen müßten wir irgendwo Winterquartier beziehen, und das war keine verlockende Aussicht. Dabei war der ewige Sommer auf den Kanarischen Inseln nur eine Segelwoche von unserem jetzigen Standort entfernt. Allerdings stimmten uns die Langfahrten nicht gerade fröhlich, die notwendig waren, um dorthin zu gelangen. Die Strecke bis zum Ma-

deira-Archipel wäre etwa so weit wie die Biskaya-Überquerung (in unseren Köpfen kein schöner Vergleich), danach müßten wir nochmals drei Tage bis zu den Kanaren
dranhängen.

Andererseits war der Atlantik seit Kap Finisterre richtig
nett zu uns. Keine Starkwind-Attacken, keine nieder-
schmetternden Wellen mehr. Warum soll es nicht so weiter
gehen? Zumal das bevorstehende Stück »normalerweise
eine angenehme Passage« sei, wie es im Handbuch *World
Cruising Routes* hieß.

»Schlimmer als die Biskaya wird es schon nicht werden, und die haben wir auch überstanden«, sagte Petra,
»laß es uns probieren.«

Wir riefen bei Yanmar in Lissabon an, um unsere Entscheidung bekanntzugeben. Dort war der Niederlas-
sungsleiter persönlich an Bord erschienen, um unser Problem zu begutachten. Und hatte zu unserer großen Freude
entschieden: Wir bauen den alten Motor aus, und ihr
kriegt einen neuen. Da unser Maschinentyp nicht auf La-
ger war, sollte er entweder zur Yanmar-Vertretung an der
Algarve geschickt werden (falls wir ins Mittelmeer führen) oder eben nach Madeira.

Das schwimmende Dorf

Sines – Puerto Mogan (Kanaren),
19. September bis 30. November 1998

Unsere seglerische Wiedergeburt ereignete sich am dritten Tag der Überfahrt zum Madeira-Archipel. Wir fuhren unter Vollzeug, um das Beste aus der schwächlichen Brise herauszuholen. *Baal* hatte sich einen kleinen Schnurrbart aus glucksenden Wellen zugelegt und schnurrte auf Amwindkurs mit leichter Schräglage über den tischtuchglatten Atlantik. Dazu schien die Sonne, und ich hatte endlich die Dose mit unserem Lieblingstee wiedergefunden – Schwarzer mit Vanillearoma. Petra nahm einen Schluck aus ihrer dampfenden Tasse, räkelte sich behaglich und sagte: »So könnt's für mich ewig weitergehen.«

Stimmt, bestätigte ich, »heute läuft es wirklich mal optimal«.

Aber Petra schüttelte energisch den Kopf. »Ich meine nicht nur heute. Die letzten beiden Tage waren ja nicht so schön. Trotzdem fühle ich mich wohl auf See. Mir macht es wieder Spaß.«

So richtig schlecht war unsere Überfahrt bislang allerdings auch nicht gewesen. Zum Start in Sines hatten wir zwar bedeckten Himmel, aus dem es abends wetterleuchtete. Und am nächsten Tag regnete es sogar für längere

Zeit. Doch wußten wir durch die Vorhersagen, daß wir in besseres Wetter segelten und uns leichte Winde auf dem Weg dorthin begleiten würden. Die Biskaya-Erfahrung und Kap Finisterre steckte uns trotzdem in den Knochen. Würden wir noch bedauern, daß wir uns gegen das Mittelmeer entschieden hatten?, fragten wir uns bange beim Ablegen. Aber die Befürchtungen verloren sich auf dem ruhigen, freundlichen Ozean. Als dann auch noch die Sonne rauskam, waren wir geradezu euphorisch.

Psychologisch richtig frischte am Abend des dritten Tages der Wind auf. Nachts mußte ich zweimal raus, um die Segel zu kürzen, und der Morgen sah eine *Baal*, die sich dicht gerefft unter grauen Wolken durch eine aufgewühlte See kämpfte. Außerdem sah er eine bestens gelaunte *Baal*-Crew. Und das ist etwas, was man vor allem bei der notorisch morgenmuffligen Petra selbst an Land nicht oft erlebt. Dabei ging es gerade ziemlich rauh zu. Aber rauh war eben längst nicht so rauh, wie wir das in Erinnerung hatten. Anscheinend waren wir doch nicht so verweichlicht und verlandrattet. Während ich in der vergangenen, mondlosen Nacht das Großsegel reffte, bediente Petra vom Cockpit aus die Schoten trotz der absoluten Dunkelheit so im Einklang mit meiner Arbeit am Mast, daß kein einziges Wort nötig war.

Nach dem Manöver sagte sie: »Ich finde, wir bilden ein gutes Team.«

»Das muß auch so sein«, antwortete ich, während ich zurück in die Koje kletterte, denn ich hatte ja Freiwache. »Schließlich sind wir hier auf Hochzeitsreise.«

Vermutlich hätte die lustige Seefahrt am Tag darauf doch einen leichten Dämpfer erlitten, wenn nicht schon mittags unser Ziel Porto Santo, die kleinere Nachbarinsel Madeiras, in seiner ganzen bergig-zerklüfteten Schönheit aus dem Meer gestiegen wäre. Der Wind war böig geworden und erreichte in der Spitze volle sieben Beaufort, die Wellen brachen auf breiter Front. Aber das Ende war ja buchstäblich absehbar, und so duckten wir uns unters Spritzverdeck, knabberten Erdnüsse und kommentierten den Seegang wie Boxfans einen Kampf:

»Aua, der saß!« (Welle, die gegen den Bug krachte und Gischt in schweren Schauern quer übers Boot schickte.)

»Ätsch, daneben!« (Brecher überschlug sich knapp hinter uns.)

»Pfui, gemein!« (Wir bekamen selbst einen Spritzer ab.)

Und obwohl *Baal* ein paar ordentliche Knüffe einstekken mußte, sah es doch niemals danach aus, als ob der Niederschlag vor Kap Finisterre sich wiederholen könnte.

»Gutes Boot«, lobte Petra.

»Gutes Team«, ergänzte ich.

»Seid ihr etwa hergeflogen?« begrüßte uns Hella.

»Wie kommst du denn darauf?« fragte ich zurück, während ich ihr die Festmacherleine zuwarf.

»Ihr seht so entspannt aus!«

Petra rief aus dem Cockpit herüber: »Wir sehen nicht nur so aus, wir sind auch entspannt!« und schaltete den Motor aus, den wir kurz vor Porto Santo angeworfen hatten.

»Na, das muß doch gefeiert werden!« verkündete Hella, und so saßen wir eine halbe Stunde nach dem Einlaufen in der Hafenkneipe und tranken Wein auf nüchternen Magen.

Hella und Günter hatten wir in Leixões kennengelernt, wo ihre *Karo* zu den Yachten gehörte, die in der Marina das Abflauen des Hurrikans abwarteten. Die beiden waren auch in Hamburg losgesegelt, hatten ebenfalls ein

Jahr Zeit und planten obendrein die selbe Route wie wir. Außerdem kannten sie die gleichen Zweifel.

»Das war vielleicht ein Mist«, fluchte Hella, als wir sie über ihre Überfahrt ausfragten. »Nur hohe Wellen und starker Wind, und in meinem Alter steck ich das nicht mehr so gut weg wie ihr.« Hella hatte die Fünfzig schon überschritten und kokettierte heftig mit ihrer angeblichen Gebrechlichkeit. »Über den Atlantik segle ich trotzdem. Ich hab zwar keine Lust, aber wo ich schon mal so weit gekommen bin, kriege ich den Rest auch irgendwie hin.«

Das war das große Thema auf Porto Santo: Wer wagt's, wer läßt's lieber bleiben? Anke, die mit Ab und Sohn Bart auf *Fantasia* unterwegs war, wollte den Ozean auf keinen Fall mehr überqueren, weil Bart und sie fürchterlich seekrank wurden. Arjen und Jolanda von der *Blauw* waren unentschieden, Fred und Birgit ganz begeistert: Sie hatten ihre *Kim* zur *Transatlantic Rallye for Cruisers* angemeldet und freuten sich schon auf das Erlebnis. Allerdings waren die Ansichten keineswegs festgefügt, und es konnte durchaus sein, daß beim nächsten Gespräch sich die Fronten der Jas, Neins und Vielleichts wieder verschoben hatten. Wir selbst gehörten zu den Unentschiedenen – und das war im Vergleich zu unserer Meinung vor der Überfahrt nach Porto Santo schon mal ein Fortschritt. Vermutlich war der Stimmungswandel halb auf unsere guten Erfahrungen und halb auf die schlechten der anderen zurückzuführen. Denn wenn die schon über so ein bißchen Wind und Wellen klagten, waren wir doch mindestens so fit wie sie, oder? Der Vergleich hinkte zwar, weil die meisten wohl tatsächlich schwerere Bedingungen vorfanden, aber das tat unserem neuen Selbstbewußtsein keinen Abbruch.

Daß wir uns so wohlfühlten, lag aber auch an Porto

Santo selbst. Ehrlich gesagt, hatten wir, bevor wir mit der Routenplanung begannen, noch nie von der Insel gehört. Und noch auf dem portugiesischen Festland hatten wir uns keine Gedanken gemacht, was uns hier eigentlich erwarten würde. Um so größer war die Überraschung, daß wir hier auf eine richtige Trauminsel stießen – mit sicherem Hafen (kommt für Segler immer als erstes), kilometerlangem Strand und einem netten, unverbauten Städtchen. Das Innere war gebirgig und im Gegensatz zu Madeira, das bei klarer Sicht am westlichen Horizont zu sehen war, meist kahl.

Doch gab es auch bewaldete Berge, und auf einem veranstalteten wir ein Picknick. Die Idee dazu hatten Konstanze und Heiko von der *Heikon*, die schon mal auf den Bergkegel gewandert waren und am Gipfel einen Grillplatz samt Schutzhütte entdeckt hatten. Wenn sie verraten hätten, daß der Berg fast 1000 Meter hoch war, hätten wir allerdings auf einer Bordparty bestanden. Denn die Sonne brannte auf Porto Santo afrikanisch heiß, und wir hatten im Gegensatz zur *Heikon*-Crew keine Rucksäcke dabei. Also schlugen wir alle Utensilien in Decken, die uns auf dem Berg als Bett dienen sollten und banden sie mit Stricken auf den Rücken. Der Aufstieg dauerte den halben Tag, brach uns fast das Kreuz, verursachte Wadenkrämpfe und Lungenreißen. Oben war mir vor Anstrengung so schlecht, daß ich mich fast übergeben hätte. Da merkte man doch, daß ich der Senior des Quartetts war, und der Dümmste dazu, weil ich mir den dicksten Packen hatte aufschnüren lassen. Aber dafür gab es jetzt Fisch, Brot und Wein bis zum Abwinken und eine phantastische Aussicht obendrein.

Wir bedauerten nicht, daß wir länger auf Porto Santo bleiben mußten als ursprünglich beabsichtigt. Der Versand des Motors nach Madeira verzögerte sich, und alle, die den miserablen Hafen der Nachbarinsel kannten, rieten, seine Ankunft lieber hier abzuwarten. Täglich telefonierte Konstanze, die portugiesisch konnte, nach dem Verbleib der Maschine. Noch nicht da, hieß es lange. Irgendwann tauchte sie in Lissabon auf und sollte mit dem nächsten Flugzeug nach Madeira kommen, wurde dann aber doch vergessen.

»Macht nichts, Konstanze«, trösteten wir unsere Telefonistin, die unermüdlich nach dem verschollenen Motor fahndete: »Uns geht's ja gut hier.«

Nach zwei Wochen Porto Santo dann doch die Nachricht: Der Motor ist gelandet. Wir riefen in der Marina Funchal an und buchten einen Platz. Denn vor Anker liegend wäre die Maschine ja wohl nicht gut einzubauen.

Als wir in Madeiras Hauptstadt eintrafen, stand das Wörtchen *Baal* zwar in dem Belegeplan der Marina. Aber in der Realität war der Platz besetzt, und die nette Dame im Hafenbüro konnte nur mit den Schultern zucken. Vermutlich hätten einige Bestechungs-Escudos die Situation bereinigt, doch nach einem Besuch bei der hiesigen Yanmar-Vertretung wußten wir, daß keine Eile geboten war. Unser Motor lag beim Flughafen-Zoll, und ihn auszulösen, würde seine Zeit dauern. Außerdem waren wir in bester Nachbarschaft neben *Fantasia* als sechstes Boot im Päckchen an der Hafenmole untergekommen, wo es uns auf jeden Fall besser ging als Arjen und Jolanda, die auf ihrer *Blauw* vor Anker zum Gotterbarmen hin- und herschaukelten.

Also besorgten wir uns wie all die anderen Touristen einen Mietwagen, machten Ausflüge über die Insel oder flanierten durch Funchal, das trotz des Besucheransturms seinen Charme nicht verloren hat. Und eines schönen Tages fuhr ein Lieferwagen vor und stellte einen silbriggrau glitzernden, funkelnagelneuen Yanmar-Motor auf dem Hafenvorplatz ab. Wie der Einbau vonstatten gehen sollte, war mir allerdings schleierhaft. Denn *Baal* schaukelte als äußerstes Boot des Päckchens fast mitten im Hafenbecken. Die beiden Mechaniker sahen aber darin kein Problem. Sie riefen mich herbei, schnappten sich noch einen Kumpel aus der Kneipe, und zu viert wuchteten wir das 120 Kilo schwere Metall von Yacht zu Yacht, bis die Maschine schließlich in *Baals* Cockpit stand. Und auf gleichem Wege wanderte unser alter Ölsäufer an Land – hätte mir jemand diese Methode vorher geschildert, ich hätte gewettet, daß mindestens ein Motor im Wasser landet.

Leider hatte ich die beiden Mechaniker damit schon im Zenit ihres Könnens erlebt. Nun ging es steil bergab. Es stellte sich heraus, daß die zwei von der Fachwerkstatt noch nie einen Yachtmotor eingebaut hatten. Doch hier zeigte sich der Vorteil, daß wir die Maschine bei einer Weltfirma wie Yanmar gekauft hatten: Es gab ein mehrsprachiges Handbuch. Als es an die Installation der Kupplung ging, las ich die Instruktionen Handgriff für Handgriff auf spanisch vor, das ich im Gegensatz zum Portugiesischen wenigstens etwas konnte. Unterdessen waren die beiden Mechaniker in den Maschinenraum gekrochen, wo sie mit vereinten Kräften meine Anweisungen übersetzten, durchdiskutierten und schließlich in die Tat umsetzten. Das Ganze zog sich acht Stunden hin, und weil ich die Prozedur inzwischen zum dritten Mal mitmachte, wußte ich, daß sie normalerweise in einem Achtel der Zeit bewältigt wird. Darum war ich auch ziemlich verblüfft, als die Maschine bei der Probefahrt ruhiger und runder als ihre Vorgängerin lief und wir fortan nie wieder Motorprobleme haben sollten.

Nun aber nichts wie weiter. Seit Tagen herrschten ideale Bedingungen für die 270 Seemeilen weite Überfahrt zur nördlichsten Kanareninsel La Graciosa. Und die wollten wir nicht verpassen, denn diese Passage sollte die Entscheidung bringen: Verlief sie gut, würden wir den Atlantik überqueren; falls jedoch einer von uns unterwegs ein ungutes Gefühl haben sollte, blieben die Kanaren der südlichste Punkt unserer Reise. Hier würden wir dann überwintern und im nächsten Frühjahr zur Rückfahrt starten.

Die Überlegungen waren völlig überflüssig. Wir setzten alle Segel, sobald wir aus dem Windschatten Madeiras heraus waren und sollten sie bis zu unserer Ankunft drei Tage und zwei Nächte später nicht mehr anfassen. Es blies konstant mit drei bis vier Windstärken aus Nordost – Bedingungen wie im Passat, obwohl wir eigentlich noch viel zu weit nördlich für die Tradewinds standen. So hoch war unsere Moral, daß wir sogar die Schleppangel auspackten. Was die Fische von unserem tollen Köder hielten, werden wir wohl nie erfahren. Aber die Seevögel waren ganz verrückt nach ihm. Ein Schwarm Tölpel, jedenfalls hielten wir sie dafür, hatte unseren Kunst-Octopus aus der Luft erspäht und stürzte sich unter lautem Geschrei aus vollem Flug immer wieder auf ihn.

»Was machen wir, wenn so einer anbeißt?« fragte ich Petra.

»Dann gibt's Gänsebraten«, antwortete sie ungerührt.

»Dem armen Vogel mußt aber du den Hals umdrehen und die Federn rausrupfen«, erklärte ich, »ich kann so was nicht.«

Darauf schaute sich Petra das Spektakel noch eine Zeit lang an und gab schließlich zu: »Ich auch nicht.«

Und so holten wir unsere Angel wieder unverrichteter Dinge ein.

Überhaupt sind wir, was Tiere angeht, ziemliche Angsthasen. Petra sprach immer wieder davon, daß sie sich beim nächsten Delphin-Besuch eine Leine umbinden und ins Wasser springen würde. Doch als die Delphine dann kamen, hat sie jedes Mal gekniffen. Auch eine andere Erscheinung sahen wir jetzt häufiger, die ich zunächst als schwimmende Kartoffelsäcke identifizierte. Seltsam nur, daß hier so viele Säcke herumtrieben, die auch noch prompt untergingen, wenn wir in ihre Nähe kamen.

Petra beobachtete das Phänomen durchs Fernglas und stellte fest: »Das sind ja Meeresschildkröten – ganz schön groß.«

Ich witzelte: »Erstaunlich, daß die in diese kleinen Suppenkonserven passen.« Daß Petra über diesen dünnen Scherz lachen konnte, zeigt vermutlich mehr als alles andere, in welch gehobener Stimmung wir gen Süden segelten.

Aber auch die schönste Fahrt geht mal zu Ende. Zum ersten Mal auf dieser Reise bedauerten wir fast, daß unser Ziel schließlich am Horizont auftauchte. Doch La Graciosa war durchaus den Besuch wert. Kahl und wüstengleich, ist sie bislang vom Massentourismus verschont geblieben, der die übrigen Kanarischen Inseln so rücksichtslos zerstört. Nur Segler laufen Graciosa häufiger an, denn die dortigen Ankerbuchten gehören zu den besten des gesamten Archipels. Wir blieben einige Tage, wanderten durch die Dünen und ins wenige Kilometer entfernte Städtchen, das wie eine Kulisse im Italo-Western aussah, oder faulenzten einfach an Bord.

Was Naturschönheit angeht, sollte dies schon der Höhepunkt unseres Kanaren-Aufenthaltes gewesen sein. Das menschliche Highlight erlebten wir in El Castillo auf Fuerteventura, wo wir nach einem Abstecher nach Lanzarote einliefen. Hier bildete sich das »floating village«, wie Eric von der *Dagmar* es taufte – das schwimmende Dorf der Fahrtensegler. Neben dem holländischen Einhandsegler und uns bildeten das englisch-schottische Paar Helen und David auf *Sullaire of Glasgow*, Julie und Dave mit *Seagull* aus London und die britische *Riverdancer*-Familie Gillian und John samt Töchtern Hollyann und Amber den Kern der Gemeinde. Wir wollten alle über den Atlantik, sobald in einem Monat die Hurrikan-Saison vorbei wäre, waren alle etwa im gleichen Alter und kannten einander bislang nur vom Hallosagen in den vorherigen Häfen.

Beim Segeln ist man ziemlich oft alleine, was uns Flitterwöchnern einerseits ganz recht war. Andererseits hatten wir gegen etwas soziales Leben trotzdem nichts einzuwenden, doch waren in den ersten Monaten Kontakte von Boot zu Boot gar nicht so leicht zu knüpfen. Niemand wollte sich aufdrängen, wo doch jeder mit sich selbst beschäftigt schien. Wir hatten einige der nordeuropäischen Crews schon ein halbes Dutzend Mal während der Anreise getroffen, aber erst seit Porto Santo war die gegenseitige Scheu überwunden. Ab sofort wurde jede einlaufende Yacht mit großem Hallo begrüßt und bot Gelegenheit für ein rauschendes Fest.

Gefeiert wurde üblicherweise auf *Riverdancer*, dem mit 13 Metern längsten Boot der Flotte, einer klobigen, schwarz gestrichenen Gaffelketsch, deren Betonrumpf sowohl Unverwüstlichkeit wie miserable Segeleigenschaften versprach. Schon morgens liefen die beiden zehn- und zwölfjährigen Mädchen mit Einladungen über den Steg, die sie im »Schulunterricht« gebastelt hatten, den ihre Mutter täglich abhielt. Und abends brachte jeder seine Getränke mit und kostete einen Teller Nudeln mit Bohnen, die Bordkoch John in immer neuen Variationen zusammenrührte.

Anschließend wurde geplant: Beispielsweise das Strandvolleyball-Turnier gegen die Franzosen, die aufgrund angeblicher Sprachschwierigkeiten und tatsächlicher nationaler Animositäten gegenüber der englisch dominierten Gruppe ihr eigenes »village« bildeten. Als gute Europäer pflegten wir auch Kontakt zur *Petite Fugue*, die seit 18 Jahren das Zuhause von Patrice, Marie-Lise und Sohn Yann war, der auf dem damals noch neuen Aluminiumboot gezeugt und geboren wurde, wie die Eltern stolz erzählten. Nun würde Yann bald volljährig sein und sollte zum Geburtstag seine eigene Yacht geschenkt bekommen, damit er künftig seine eigenen Wege segeln könnte. Zumindest Papa Patrice war durchaus polyglott, das mußte er schließlich sein, weil er sein Geld auf Filmfestivals als Bodyguard etwa von Brooke Shields verdiente – eine Rolle, die ihm sichtlich auf den durchtrainierten Leib geschrieben war. Doch Patrice hatte im Beisein von Helen den in England hergestellten *Seagull*-Außenborder als »Mist« bezeichnet, und danach gab es natürlich nichts mehr zu kitten (»Sicher ist ein *Seagull* Mist, aber es war doch sehr unfein von ihm, dies einfach so zu sagen«, erklärte uns Helen später).

In Bierlaune auf *Riverdancer* entstand auch die Idee eines Sextanten-Navigationswettbewerbs. Es hatte sich herausgestellt, daß jeder einen Sextanten an Bord hatte, aber keiner ihn benutzte, da GPS nun mal genauer und bequemer war. Dabei hatten wir doch alle mal gelernt, wie man damit den Winkel zwischen Sonne und Horizont mißt und so den eigenen Standort errechnet. Höchste Zeit, die Kenntnisse wieder aufzufrischen! Und so marschierte am nächsten Mittag ein vielköpfiger Meßtrupp zur Hafenmole, um von dort aus die Lage der Kanaren neu zu bestimmen. Anschließend erzielten wir immerhin insoweit Übereinstimmung, daß die Inseln irgendwo im Atlantik lagen. Eric und Dave beschlossen spontan, während der Ozeanpassage das GPS ausgeschaltet zu lassen und nur mit dem Sextanten zu navigieren. Um so größer sollte später die Freude sein, als wir sie tatsächlich in der Karibik wiedertrafen.

Auch diesen Treffpunkt heckten wir gemeinsam in El Castillo aus. Denn es stand die große Frage im Raum: Wo feiern wir Silvester? Also trugen wir unsere Reiseführer und Hafenhandbücher zusammen und suchten nach der ultimativen Karibik-Traumbucht. Das Rennen machte schließlich die Pirate's Bay in Tobago, ein laut Beschreibung »versteckter Ankerplatz, den hohe Berge vor den Passatwinden schützen«. Am feinen Sandstrand der Bucht münde ein Bächlein mit trinkbarem, klarem Wasser. Und über dem undurchdringlichen Urwald, der die Hänge bedecke, kreisten des Morgens farbenfrohe Papageien. Ein passender Ort, um unser karibisches Jahr zu beginnen, lautete der allgemeine Tenor – zumal die Zivilisation in Gestalt eines kleinen Ortes mit Busverbindung zur Hauptstadt nur eine Bucht weiter lag.

Zuvor mußten Petra und ich aber noch nach Gran Canaria. Meine Schwester Eva und ihre Familie, die wir schon auf Spiekeroog getroffen hatten, flogen gemeinsam mit meinen Eltern zum Besuch ein. Als der Wetterbericht ein vorübergehendes Abflauen des Passats verhieß, der durch die »Düse« zwischen Gran Canaria und Fuerteventura üblicherweise ziemlich heftig pfeift, machten wir uns auf die Nachtfahrt zur Nachbarinsel. Und weil bis zum Eintreffen der Verwandtschaft noch ein paar Tage Zeit war, ankerten wir erst einmal in der Bucht von Arguine-

guin, die uns schon Ole und Beth in Falmouth als Aufenthaltsort empfohlen hatten.

Die amerikanische Flagge war das Signal. Ich kletterte
ins Beiboot und ruderte zu der schönen Holzyacht, die 50
Meter neben uns ankerte. Klopfte gegen den Rumpf, wor-
auf ein drahtiger Kalifornier Anfang Sechzig auftauchte:
Fred, wie er sich vorstellte, segelte seit 1993 mit Frau
Nummer zwei sowie Kindern drei bis fünf um die Welt
und hatte es inzwischen bis in diese Bucht im Süden Gran
Canarias geschafft.

»Hi, Fred, magst du Bücher tauschen?« Der schaute
zweifelnd auf meine mitgebrachte Plastiktüte voller Pa-
perbacks, als ob die schwimmende Literaturbörse nicht
fester Bestandteil des Blauwasserbrauchtums wäre.

»Well«, antwortete Fred, »sag mir erst: Habt ihr Kakerlaken an Bord?«

Hatten wir nicht – oder: noch nicht, wie Gerd ergänzen
würde. Gerd ist ein deutscher Einhandsegler, den wir
einige Wochen zuvor auf Porto Santo getroffen hatte.

»Früher oder später hat jeder Kakerlaken an Bord«,
lehrte uns der Segel-Eremit: »Eine Langfahrtyacht ohne
Kakerlaken ist so wahrscheinlich wie ein Kuhstall ohne
Schmeißfliegen.« Gerd lebte schon seit Jahren in Frieden
und Eintracht mit den Krabbeltieren und hielt lediglich
ihre Anzahl durch »peinliche Sauberkeit und niemals
Süßwasser in der Bilge« unter Kontrolle. Als bei einem
Besuch einer seiner sechsbeinigen Gefährten über den Bo-
den flitzte, beruhigte er uns nach Hundehalterart: »Keine
Angst, der tut euch nix!«

Bücher hatten wir keine getauscht mit Gerd. Und das
Milchpulver, das er uns schenkte, weil er zuviel davon
gekauft hatte, warfen wir weg, sobald wir sein Boot verließen. Dennoch entwickelten Petra und ich bedenkliche

119

Anzeichen von yachttypischem Dermatozoon-Wahn: hörten verdächtiges Rascheln hinter Holzverkleidungen, beobachteten aus den Augenwinkeln schabenhaftes Huschen. Aber wenn wir die Bodenbretter hochrissen, um einen Kakerlak in flagranti zu erwischen: nichts! Beziehungsweise, Gerds Weisheit eingedenk, noch nichts!

Kakerlaken gelangen auf mannigfaltigen Wegen an Bord – hinterm Rücken eines Buches, unter der Banderole von Konserven, im Cornflakes-Karton, zwischen Salatblättern oder mit den Straßenschuhen. Yachties, die wie wir aus dem schabenarmen Norden in die wärmeren Gefilde segelten, widmeten dem Kakerlaken-Abwehrkampf viel Energie und Einfallsreichtum. Pulten nach jedem Einkauf noch auf dem Steg alle Waren aus der Verpackung, wuschen Obst und Gemüse in keimtötenden Laugen und nervten Besucher mit dem Befehl, nur ohne Schuhwerk an Bord zu erscheinen. Manche sprühten gar ihre Festmacherleinen mit Insektizid ein, damit keine Schabe entern konnte. Wir fädelten in gefährdeten Häfen lieber Plastikflaschen auf unsere Leinen, die wir mit Teflonspray behandelten, auf daß die Insekteninvasion ins Wasser fiele.

Im bei Schabenhassern besonders berüchtigten Puerto Mogan, das wir als nächstes anlaufen sollten, hatte es Bengt, der Schwede, mit solch rigiden Maßnahmen geschafft, drei Wochen lang ein kakerlakenfreies Boot zu behalten. Abends, beim Rotwein, flatterte ihm dann eine auf die Hand und verschwand, noch ehe er zuschlagen konnte, in der Kajüte. Anschließend war Bengt, der am Tag darauf zur Überfahrt in die Karibik aufbrechen wollte, den Tränen nah: »Ich wußte nicht, daß die Mistviecher fliegen können. Wenn ich ankomme, wird's an Bord nur so wimmeln.«

Ein Stegnachbar schenkte ihm daraufhin etwas Borsäure, die, vermixt mit Milchpulver, Kakerlaken unfruchtbar machen soll.

»Wenn die Krabbeltiere später mal an Altersschwäche gestorben sind, hast du dein Boot wieder für dich«, tröstete er Bengt. Und was wuselte da, trotz Geburtenkontrolle mit Borsäure, auf seinem eigenen Boot?

»Alles Neueinwanderer!« behauptete er treuherzig.

California-Fred hatte vor einem Jahr härtere Maßnahmen ergriffen, um seine Schaben endlich loszuwerden. Er spritzte Gift und löste damit einen massenhaften Insekten-Exitus sowie wochenlange Übelkeit bei sich und seiner Familie aus. Damit er die chemische Keule nie mehr schwingen mußte, übte er nun strikte Kontrolle. Und fremde Bücher seien nun mal ein gefährlicher Infektionsherd, erläuterte er mir: »Kakerlaken lieben Papier.«

Klar Fred, kein Problem, erwiderte ich – tauschen wir halt nicht. Ich mochte seine Romane ohnehin nicht mehr im Regal haben. Denn, wie hatte uns Gerd erklärt: »Wer einmal Kakerlaken hat, der hat – egal was er anstellt – immer welche.«

Seit zwei Monaten fuhr auf Freds Boot auch Carol mit, die auf seine beiden kleinen Kinder aufpassen sollte. Carol langweilte sich, also schwamm sie mehrmals täglich auf einen kleinen Plausch zur *Baal* herüber. Die lebenslustige Mittzwanzigerin aus Paris hatte im Sommer ihren Job in einem Reisebüro geschmissen, weil sie lieber selber die Welt kennenlernen wollte – am liebsten vom Deck einer schicken Yacht aus. Bis Spanien gelangte sie auf einem französischen Boot, das einen »süßen« Skipper hatte, der passenderweise auch noch in Scheidung lebte. Leider lud der Graumelierte dann seinen Sohn ein, der sich prompt an die hübsche Mitseglerin heranmachte. Das mochte zwar altersmäßig besser passen, entsprach aber nicht Carols Neigungen.

»Die Situation war unmöglich, ich mußte schnellstens von Bord«, erzählte sie uns beim Kaffee. So landete sie schließlich auf der kalifornischen Yacht, wo sie nun das Kindermädchen spielte. Carol verdrehte genervt die Augen: Ob wir für die Atlantiküberquerung nicht was besseres für sie wüßten? Am besten einen wohlsituierten, gutaussehenden Junggesellen?

»Du gehst ja ganz schön ran«, staunte Petra. Doch Carol winkte ab. Wir wüßten eben nicht, wieviele auf den Kanaren herumliefen, die eine kostenlose Überfahrt nach Amerika ergattern wollten.

»Wer auf eins der guten Boote will, darf nicht schüchtern sein.«

Was denn in ihren Augen ein gutes Boot sei, wollte ich wissen.

Darauf Carol: Eins, das »sex, fun and a safe crossing« bietet.

Da konnten wir leider nicht weiterhelfen. Unsere segelnde Bekanntschaft war entweder in festen Händen oder zu arm für Carols Vorstellung von »fun«. Einen Moment dachten wir daran, Eric zu verkuppeln. Auf seiner *Dagmar* war schließlich eine Koje frei. Doch erstens wußten wir nicht, wo er gerade steckte, und zweitens mochten wir dem guten Eric lieber doch nicht zumuten, Carol ihr erträumtes Leben wie aus der Bacardi-Rum-Reklame bieten zu müssen.

In Puerto Mogan trafen wir noch einige junge Leute, die auf der Basis »Hand gegen Koje« anheuern wollten. Die Kontaktaufnahme lief entweder über Zettel in Kneipen und Yachtausrüstung-Geschäften, oder man fragte sich im Hafen durch. Diese Art Crewbörse hat Vorteile für beide Seiten: Bootseigner mit knapper Besatzung konnten die lästige Pflicht des Wachegehens auf mehr Schultern verteilen, was Sicherheit und Komfort an Bord enorm erhöhte; die Yacht-Tramper kommen so auf billige und abenteuerliche Weise über den großen Teich. Freunde von uns, Thorben und Marianne aus Dänemark, holten sich aus diesem Grund in Mogan einen Mitsegler an Bord. Aber für uns kam das nicht in Frage. Schließlich würden wir auf dem Ozean einen Monat lang auf engstem Raum zusammengepfercht sein, und wir wollten die Lage nicht noch durch eine unbekannte psychologische Komponente komplizieren. Außerdem waren wir inzwischen sicher, daß wir die Überfahrt auch alleine schafften.

»Ich glaube, ich freu mich sogar drauf«, sagte Petra. Und so stürzten wir uns voller Elan in die Vorbereitung des Abenteuers Atlantik.

Unser atlantisches Abenteuer

Puerto Mogan – Scarborough (Tobago),
30. November bis 26. Dezember 1998

Petras Freude über die Atlantiküberquerung endete eine
Stunde nach dem Start. *Baal* kämpfte sich hoch am Wind
unter Sturmfock und dreifach gerefftem Groß gegen acht
Windstärken und eine chaotisch durcheinanderlaufende
See voran. Und bis wir einsahen, daß wir dem Wetterbericht zum Trotz statt T-Shirts besser Ölzeug tragen sollten,
hatte die Gischt uns bereits bis auf die Haut durchnäßt.
Petra war so erschrocken, daß sie am liebsten umdrehen
wollte. Ich war strikt dagegen, vor allem aus Prinzip.
Außerdem konnte ich nicht glauben, daß der Starkwind
lange anhalten würde. Die Kanaren sind für ihre »Düsen«
zwischen den Inseln berüchtigt, doch sind diese Sturmfel-
der räumlich begrenzt und sogar in den Karten eingezeich-
net. Eigentlich führte unser Kurs gar nicht durch eines
dieser Felder, doch mochte eine Winddrehung die Ver-
schiebung bewirkt haben. Schließlich: Ich mochte Puerto
Mogan nicht mehr sehen – diesen Operettenhafen im
Süden Gran Canarias, wo die Touristenunterkünfte im
pseudomaurischen Stil bonbonfarbene Fensterläden
haben, die Tavernen Namen wie *Wolfi's Bierschwemme*
tragen und ganze Busladungen von Urlaubern uns beim

Frühstück filmten, weil sie Segler und ihre Boote so pittoresk finden.

»Ja«, bestätigte Petra, »darauf habe ich allerdings auch
keine Lust mehr.«

Doch Mogan war nun mal perfekt für unser Familien-
treffen gewesen, da man Hotel und Marina-Liegeplatz
schon Monate vorher aus Deutschland buchen konnte.
Und auch wenn mich störte, daß dieser Ort, an dem ich
15 Jahre zuvor als Rucksacktourist einen einsamen
Strand vorgefunden hatte, nun so verbaut war, verbrachten wir hier doch zwei nette Wochen. Wir machten Miet-
wagenausflüge mit der Familie oder lagen faul am Strand.
Und wenn wir am Boot herumbastelten, half mein Vater
mit, der als Schreinermeister über hochwillkommenes
handwerkliches Geschick verfügte.

Als die Verwandtschaft wieder abgeflogen war, reichte
es dann aber auch. Die Marina von Mogan liegt wie eine
Piazza mitten im Ort, was im ersten Moment recht
hübsch wirkte, auf Dauer wegen des Lärms und der Menschenmassen aber gehörig auf die Nerven ging. Nichts gegen die Leute: Segler sind auch bloß Touristen und reisen
nicht mit größerer Berechtigung in ferne Länder wie die
Landurlauber. Doch Gran Canaria wird vom Besucher-
ansturm im wahrsten Sinne des Wortes verwüstet. Das In-
selinnere verdorrt, weil das Grundwasser gebraucht wird,
damit die Gäste mehrmals täglich duschen können. Und
die Küsten verwandeln sich durch immer neue Bettenbur-
gen in einen geschlossenen Streifen Betonödnis, kaschiert
mit ein paar Blumen-Rabatten und künstlich bewässerten
Palmen rings um den Pool.

Das alles deprimierte mich so, daß ich am liebsten sofort geflohen wäre. Doch zunächst mußten wir den gesamten Proviant verstauen. Vier Einkaufswagen voller

Lebensmittel hatten wir vom Supermarkt zur *Baal* geschleppt und vor dem Einladen Packung für Packung auf Kakerlaken inspiziert. Auf dem Atlantik sollte wieder das Vorschiff, unser bisheriges Schlafzimmer, zur Vorratskammer werden. Wir hatten uns Körbe und Waschschüsseln gekauft, in die wir die Eßwaren sortierten: Süßigkeiten zum Trost während langer Nachtwachen, Schnellgerichte für stürmische Zeiten, Zutaten für die etwas aufwendigere Küche bei normalem Wetter. Obst und Gemüse stauten wir in Netzen, die wir an der Decke überm Kajüttisch aufhängten. Den Raum unter der Hundekoje füllten wir mit 240 Liter Wasser in Plastikflaschen, denn unser regulärer Tank faßte nur 160 Liter. Das würde zwar bei einem angenommenen Verbrauch von sechs Litern am Tag für uns beide gut 26 Tage reichen. Doch erstens konnte eine Atlantiküberquerung auch länger dauern, und zweitens hatte unser flexibler Gummitank schon einmal ein Leck gehabt, und ohne Reserve wäre eine Wiederholung dieses Vorfalls mitten auf dem Ozean eine Katastrophe.

Da nun unser Schlafzimmer anderweitig belegt war, bauten wir unsere Betten im Salon auf, wo man im Seegang außerdem viel ruhiger liegen würde. Gute Seekojen gleichen einem Sarg ohne Deckel – schmal und umseitig von Wänden umgeben. An der Hundekoje brachten wir die Sitzducht des Beibootes als zusätzlichen Schlingerschutz an. Ein weiteres Bett, das wir Lotsenkoje nannten, schufen wir auf der Backbordseite, indem wir den Tisch der Länge nach halbierten und absenkten, so daß seine Fläche mit den Sitzbänken eine Ebene bildete. Damit wir bei Seegang nicht aus der Lotsenkoje herausgeschleudert würden, befestigten wir das fast zwei Meter lange Fenderbrett, das eigentlich an rauhen Hafenmolen zum Schutz der Außenbordwand dient, längs der schmalen Liegefläche. In dieses Bett hinterm Tisch kam man zwar nur schwer rein und raus. Aber einmal drin, lag man dafür besonders ruhig, weil alles so eng war, daß die Bootsbewegungen einen kaum hin und her rollen konnten.

Zwei Dinge gaben das Startsignal: das Obst, das so schnell reifte, daß es noch im Hafen faulen würde, wenn wir uns nicht bald auf den Weg machten, und der Wetterbericht. Am Morgen des 1. Dezember hatte Christoph verkündet: »Der Passat steht wunderbar durch von den Kanaren bis in die Karibik.« Und auf Christoph, den Amateurfunker und früheren Weltumsegler, hörten wir ab sofort. Denn unsere bisherige meteorologische Hauptinformationsquelle, die Funktelexe des Deutschen Wetterdienstes, die ich per Computer entschlüsselte, reichten nicht bis in die tropische Passatzone. Christoph trug täglich aus Internet, Äther und Satellitenübertragungen Informationen über die Hochs und Tiefs dieser Welt zusammen und bastelte daraus Prognosen für Boote in Regionen, in denen die üblichen Vorhersagen versagen. Das hatte ihn in der Yachtie-Szene zu einer Institution gemacht. Die Atlantiküberquerer waren täglich um zehn Uhr fünfzehn Weltzeit dran. Boote mit Amateurfunk-Sendeanlagen meldeten sich bei Christoph und gaben ihre Position durch, worauf der ihnen eine maßgeschneiderte Wetterberatung verpaßte. Wir hatten keine Funkanlage, sondern unseren guten alten Weltempfänger, der nicht zum Senden, sondern nur zum Mithören taugte. Also mußten wir unsere Vorhersage aus den Angaben für andere Yachten interpolieren – ein ziemlicher Nachteil, wie wir bald feststellen sollten.

Zunächst stimmten unsere Informationen. Einige Stunden nach dem stürmischen Start flaute der Wind auf komfortable vier bis fünf Beaufort ab und drehte auf Nordost, wie sich das für einen Passat auch gehörte. Das läßt sich ja doch gut an, dachten wir und löffelten zufrieden den Eintopf, den Petra noch im Hafen fürs Abendessen vorbereitet hatte. Aber schon in der Nacht schlief die Brise für einige Stunden ein und drehte später auf Südwest. Während eine Yacht nur 30 Meilen weiter an Christoph einen schönen Passat meldete und rasch davonzog, mühten wir uns in den nächsten fünf Tage mit Flauten und umlaufenden Winden ab. Wir waren einfach sechs Stunden zu spät ausgelaufen.

Unserer Stimmung tat das keinen Abbruch. Petra hatte ihren anfänglichen Schreck über den rauhen Ozean verdaut und freute sich jetzt an der glatten See, die uns ein komfortables Bordleben ermöglichte: Eimerduschen mit warmem Meerwasser auf dem Vordeck – ohne Gefahr, von einer plötzlichen Welle über Bord katapultiert zu werden –, aufwendig gekochte Menüs und erholsamer Schlaf. Außerdem gab es zur Abwechslung allerlei Tierleben. Seevögel umkreisten unser Boot, Schildkröten paddelten vorbei, und mehrmals täglich besuchten uns Delphine. Sobald wir die Meeressäuger sahen, warfen wir den Motor an und tuckerten einige Meilen gen Süden. Denn Delphine lieben es, in schäumenden Bugwellen zu schwimmen und fahrende Boote mit übermütigen Sprüngen zu begleiten.

Unsere Etmale waren unter diesen Umständen bescheiden; der Durchschnitt lag bei 72 Seemeilen, die wir pro Tag unserem Ziel näherkamen. Das entsprach einem Stundenschnitt von drei Knoten – Fußgängertempo. Wenn wir da nicht zulegten, würden wir für die 2800 Seemeilen bis nach Tobago 39 Tage brauchen. Mit anderen Worten: zu spät für die Silvesterparty in der Pirate's Bay!

129

Doch einstweilen machten wir uns darüber wenig Sorgen. Seit Kolumbus 1492 zur ersten Karibikreise der Geschichte ansetzte, weht der Passat während der Wintermonate aus Ost bis Nordost. Vielleicht mal flauer und mal stärker, vielleicht auch mit gelegentlichen Aussetzern, aber im großen ganzen gleichmäßig und ohne stürmische Exzesse. So steht es im *Atlantic Crossing Guide*, so berichten es die Hunderte von Yachten, die mittlerweile alljährlich auf der Kolumbusroute über den Großen Teich segeln, um in der Karibik dem europäischen Frost zu entgehen. Und so sah es auch Christoph, der die Rückkehr des Passats in unser Seegebiet für den siebten Tag nach unserer Abreise ankündigte. Keine Panik also, die Passage wurde im *Atlantic Crossing Guide* doch nicht umsonst »Barfußroute« genannt.

Am Tag, als der Wind kam, hatten wir unser beeindruckendstes Tiererlebnis. Wir saßen gerade draußen im Cockpit beim Abendessen, Nudeln in Käsesoße, dazu Tomaten-Avocado-Salat, als plötzlich ein lautes Prusten unser Gespräch übertönte: als ob Neptun persönlich sich direkt neben unserer *Baal* die Nase schneuzte. Ich hielt die Teller, während Petra über Bord lugte.

»Oh«, sagte sie und ließ sich zurück auf die Cockpitbank plumpsen: »Killerwale!«

Zwar wissen auch wir, daß die Meeressäuger mit dem blutrünstigen Namen bloß jede Menge Fisch und vielleicht mal eine kleine Robbe fressen, Menschen und Yachten jedoch in Frieden lassen. Aber in natura und eine Armeslänge entfernt, wirkten sie eindeutig bedrohlicher als in *Brehms Tierleben* oder in den *Free-Willy*-Filmen: sechs Meter lange Kolosse mit scharfen Zähnen, mächtiger Rückenflosse und wunderschöner schwarzweißer Zeichnung. Fünf Wale sahen wir insgesamt; vier hielten vornehm Abstand, während ihr Kamerad unser Boot inspizierte: Dicht unter dem Rumpf durchtauchen, prusten, in Rückenlage zurücktauchen, umdrehen und erneut prusten. Schließlich Kopf aus dem Wasser und nachschauen, was da für verschreckte Gestalten auf einem Untersatz saßen, der von unten betrachtet einem Wal durchaus ähnlich sah.

Daß der Killerwal von Attacken oder Begattungsversuchen Abstand nahm und friedlich zu seinen Artgenossen zurückkehrte, betrachteten wir als Omen für einen weiterhin angenehmen Verlauf der Reise. Wir sollten uns täuschen.

»In der Nacht briste es immer mehr auf«, notierte Petra in ihrem Tagebuch. »Die Bootsbewegungen werden langsam extrem. Nachdem Marcel um vier Uhr die Wache übernommen hat, versuche ich zu schlafen. Doch kaum bin ich weggedämmert, weckt er mich, weil er eins der beiden Vorsegel bergen will. Wieder in der Koje, finde ich keine Ruhe mehr. Ich rolle hin und her, alle Knochen tun mir weh, überall fliegt Zeug durch die Gegend oder klappert in den Schränken. Immer wieder beschleunigen die hohen Wellen *Baal* so sehr, daß die Pinne vibriert und ich fürchte, das Ruderblatt könnte brechen. Am Morgen bin ich völlig fertig mit den Nerven. Doch Marcel bleibt ganz gelassen und meint, wir könnten doch froh sein, endlich einen starken Passat zu haben, weil wir so vielleicht unseren Zeitverlust aufholen. Am liebsten würde ich die kommenden 20 Tage komplett verschlafen und erst wieder aufwachen, wenn wir da sind.«

Als ich in Christophs Wetterrunde hineinhörte, schwand meine Gelassenheit allerdings etwas. Eine Passatstörung lag genau voraus, und eine 15-Meter-Yacht, die mitten in dem Unwettergebiet steckte, berichtete über

Funk von schweren Gewittern und Sturm bis Stärke zehn. Auch Christoph bestätigte, daß sich laut seinen Satellitenbildern ein schon länger vorhandenes Böenfeld in den letzten 24 Stunden stark intensivierte. Einer Yacht hinter uns empfahl er deshalb, auf Südkurs zu drehen.

»So geht ihr dem schlimmsten Ärger aus dem Weg.« Amerika liegt zwar westlich, aber auch wir wollten keinen Ärger und segelten brav in eine Richtung, in der erst lange nichts und dann die Antarktis kommt.

Neuer Tag, altes Spiel.

»Süd machen«, empfahl der Wetterguru. Tags darauf schon wieder: Süd, Süd! Dann nochmals: Süd, Süd, Süd! Inzwischen spürten wir schon die Ausläufer des Schlechtwettergebiets, und *Baal* rauschte dicht gerefft unter verhangenen Himmeln äquatorwärts, bis Christoph verkündete: »Hat keinen Sinn, ihr lauft am besten die Kapverden an.« Was freilich auf die Yacht hinter uns gemünzt war. Wir hatten die Inseln schon passiert.

Noch während der Funkübertragung startete ich das GPS, um mit der Standortangabe eine Fluchtroute zurück zu den Kapverden festzulegen. Petra raffte derweil das Ölzeug zusammen, das von Schweiß und salziger Feuchtigkeit vergangener Einsätze glänzte, als sei es mit einer Speckschwarte eingerieben worden. Über die Schlechtwetterkleidung streiften wir die obligatorischen Sicherheitsgurte. Außerhalb der Kajüte empfing uns ein Wind, der mit acht Windstärken – rund 75 Stundenkilometern – von achtern nach vorne übers Deck fegte: ein Harmattan voll rötlichem Staub aus der Sahara, der alles an Bord mit einem unappetitlichen Film überzog. Wir hatten lediglich die tischtuchkleine Sturmfock stehen, die aber schon genügte, um *Baal* auf Höchstgeschwindigkeit zu beschleunigen. Wenn wir allerdings gegen Strömung, Wind und

Wellen Richtung Kapverden aufkreuzen wollten, mußten wir mehr Segel setzen. Als nach der Kursänderung der Harmattan ins dreifach gereffte Groß fuhr, krängte *Baal* zur Seite, bis die Relingfüße durchs Wasser schleiften.

Eine Stunde beobachteten wir, wie sich unser Boot abrackerte, der Bug in die vier Meter hohen Wellen drosch, daß Gischtfontänen hoch auf halbe Masthöhe spritzten und die scharfe Brise den salzigen Nebel zu uns ins Cockpit trug. Dann sahen wir am GPS: Wir kamen nicht von der Stelle. Gestern abend noch hätten wir die Kapverden mit bequemem Halbwindkurs erreichen können. Inzwischen war der Einfallwinkel des Windes so spitz geworden, daß wir den Äquatorialstrom, der mit zwei Knoten westwärts setzte, nicht mehr aussegeln konnten. Nach einer kurzen Beratung bargen wir das Großsegel und wendeten den Bug weg von den 80 Seemeilen entfernten Inseln im Osten und hielten wieder auf die immer noch 2000 Seemeilen oder 16 Tagesreisen entfernte Karibik zu. Sobald die Windselbststeueranlage auf den neuen Kurs eingestellt war, begannen wir damit, *Baal* auf wirklich schweres Wetter vorzubereiten.

Es lag schon eine gewisse Ironie in unserer vergeblichen Annäherung an die Kapverden. Denn Petra und ich hatten wochenlang diskutiert, ob wir nicht auch den westafrikanischen Inselstaat besuchen sollten, der so nah an unserem Weg in die Karibik lag. Etliche unserer Segelfreunde wollten hier Station machen. Und noch kurz vor unserer Abfahrt in Mogan hatte ich eine kapverdische Gastlandflagge gekauft. Während der ersten Flautentage hatten wir uns dann doch gegen eine Visite entschieden, aus zwei Gründen: Die Zeit, die wir auf den Kapverden verbrachten, würde uns in der Karibik fehlen. Und außerdem hatten wir uns mental auf Langfahrt eingestellt, eine

Unterbrechung würde nur den Rhythmus stören. Was natürlich Quatsch war: Spätestens als der Harmattan tobte und das Böenfeld drohte, hätten wir ziemlich viel dafür gegeben, eine Pause einlegen zu dürfen. Aber die Gelegenheit war nun buchstäblich vorbei.

Wenigstens blieb mir die kleine Befriedigung, daß ich Marc gegenüber recht behalten hatte. Ich hatte in einem belgischen Army-Outlet einen gebrauchten Lasten-Fallschirm gekauft, einen riesigen Stoffberg mit verwirrend vielen Strippen. Als ich damals Marc in Blankenberge erklärte, daß ich den zum Sturm-Treibanker umrüsten wollte, lachte er mich glatt aus: Bei welcher Gelegenheit ich denn so ein Ungetüm einsetzen wolle – »bleib mal auf dem Teppich, Junge, ihr segelt doch nicht um Kap Horn«. Aber schon in Falmouth, wo ich vor der Biskaya-Überfahrt den Fallschirm auf dem Steg klarmachte, guckten die anderen Segler ganz neidisch, denn zufällig hatten englische Yachtzeitschriften gerade einen Artikel über den Nutzen solcher Treibanker gebracht.

Unsere Sturmtaktik sollte sein, so lange wie möglich Segel stehen zu lassen und Wind und Wellen schräg von achtern zu nehmen, weil sich Boot und Naturgewalten so in eine gemeinsame Richtung bewegten, was ihnen die Wucht nahm. Daß dieser Ablaufkurs exakt Richtung Karibik führte, war natürlich auch ganz praktisch. Doch irgendwann würde das nicht mehr gehen, und wann es soweit war, bestimmte nicht der Wind, sondern die Wellen. Je höher und steiler sie wurden, desto größer war die Gefahr, daß ein Brecher uns aus dem Kurs wirft und aufs Wasser drückt, wie uns das schon vor Kap Finisterre passiert war. Im Extremfall könnte *Baal* um die eigene Achse gerollt werden – ein Überschlag, der womöglich den Mast kosten und uns zu einem Seenotfall machen würde.

Wenn wir das Gefühl hätten, es könnte bald soweit sein, käme der Treibanker zum Einsatz. Am Ende der Fallschirmleinen saß ein schwerer Wirbelschäkel, an dem eine 100 Meter lange Leine angeknotet war. Ich würde das Ende an der Ankerkette befestigen und diese ein gutes Stück herauslassen, damit sich die Leine nicht im Bugbeschlag durchscheuerte. Sobald die Segel geborgen sind, würde das Boot quer zur Windrichtung treiben. Nun schnell den Fallschirm aus dem Sack, ihn vielleicht naß gemacht, damit er nicht auffliegt (falls dies nicht ohnehin die Gischt erledigt), und ab ins Wasser damit. Die Leine würde sich straffen, der Fallschirm unter Wasser blähen und durch seine Bremswirkung den Bug in den Wind ziehen. *Baal* nähme die See mit der Schnauze und könnte so wohl schwerstes Wetter überstehen.

Jedenfalls war das die Theorie und unsere große Hoffnung, als wir im Cockpit alles für die Operation Fallschirm bereitlegten. Bislang hielt sich unser Boot allerdings großartig. Schaumumtost surften wir über die Kämme der höchsten Wogen, die ich je zu Gesicht bekommen hatte. Und zuverlässig zog die kleine Sturmfock und die Windselbststeueranlage lenkte uns durch die aufgewühlte See. Wenn der wilde Ritt nur einen einzigen Nachmittag andauern würde, hätten wir ihn vielleicht sogar genossen. So machte ich einen letzten Rundgang über Deck, um zu überprüfen, daß alles fest verzurrt ist. Dann stiegen wir in die Kajüte und schlossen die Luke.

Für mich begann nun die schwierigste Phase der Reise. Da lag ich also auf meiner Koje, denn alles andere war bei den abenteuerlichen Bootsbewegungen nicht möglich. In mir pulste das Adrenalin und schrie danach, daß ich aktiv würde, um die Gefahren abzuwehren, aber es gab einfach nichts mehr zu tun. Wir steuerten anscheinend schnurstracks in den stärksten Sturm, den ich jemals abwettern mußte, und sollte mich entspannen und die Ruhe bewahren. Ich nahm mir ein Buch vor, aber die Gedanken machten sich selbständig und spielten das »Was wäre, wenn«-Spiel: Was wäre, wenn das Ganze sich zu einem verspäteten Hurrikan auswächst, der Mast knickt, das Boot leck springt, der Kiel abbricht? Als Antwort ging ich im Geiste alle Schritte durch, die notwendig waren, um von einem sinkenden Schiff sicher in die Rettungsinsel zu gelangen. Und alle 20 Minuten sprang ich auf, schob das Luk zurück, um hinauszuschauen: Schiffe in der Nähe, *Baal* vom Kurs abgekommen? Nein, Lage unverändert.

Petra hatte ihren Tiefpunkt am nächsten Morgen, dem Morgen ihres 34. Geburtstages. In ihr Tagebuch schrieb sie: »Es ist wie in einem fiebrigen Alptraum. Ich wache auf und muß erst einmal heulen. Ich ertrage die Geräuschkulisse nicht mehr, dieses Kreischen des Windes und das Donnern der See. Als ich aus der Koje krieche, schleudert mich eine heftige Bootsbewegung quer durch die Kajüte, daß ich überall blaue Flecken kriege und mir die Leiste zerre. Erst als Marcel unter akrobatischen Meisterleistungen einen Kaffee zubereitet, hellt sich meine Stimmung etwas auf. Draußen stürmt und regnet es so sehr, daß man nicht im Cockpit sitzen kann. Also klettere ich zurück in die Koje und packe meine Geschenke aus. Nachmittags liest mir Marcel zur Ablenkung aus einem Krimi vor, der *Fatale Nähe* heißt. Unsere Nähe ist nicht fatal, sondern mein einziger Trost inmitten dieser lebensfeindlichen Wasserwüste.«

Bis zum Abend verschlimmerte sich Petras Zerrung so sehr, daß sie sich ohne Schmerzen nicht mehr bewegen konnte und in der Koje bleiben mußte. Deshalb übernahm ich das Wachegehen jetzt ganz. Für die nächsten vier Tage und Nächte stand ich jede halbe Stunde auf, um draußen nach dem Rechten zu sehen. Das war nicht ganz so schlimm, wie es sich vielleicht anhört. Denn ab der zweiten Nacht hat der Körper eine solche Grundmüdigkeit, daß ich nach meinem Rundblick sofort weiterschlief, bis die Eieruhr das nächste Mal klingelte. Selbst wenn ich vorsichtig rechne und davon ausgehe, daß ich zwischen zwei Weckrufen nur 15 Minuten lang eingenickt war, läpperte sich das in 24 Stunden auf volle sechs Stunden Schlaf. Und mehr kann niemand erwarten, der in einem kleinen Segelboot auf großer Fahrt ist. Tatsächlich hatte ich sogar noch mehr Ruhe, weil Petra trotz ihrer Verletzung tagsüber Wachen übernahm. Dafür stellte sie sich auf die Niedergangtreppe und schaute oben aus dem Luk. Raus setzten wir uns in diesen Tagen nur selten, weil fliegende Gischt den Aufenthalt im Freien unangenehm machte.

In die Funk-Wetterrunden hörten wir zwar weiterhin rein. Aber unseren Kurs wollten wir nicht mehr von Prognosen beeinflussen lassen, die für Yachten in einigen 100 Meilen Entfernung gestellt wurden. Das brachte ja offensichtlich nichts. Wir erhielten ein allgemeines Bild der Lage, und im übrigen würden wir es eben nehmen, wie es kam. *Baals* Bug jedenfalls sollte fortan immer Richtung Tobago zeigen. Aber als eine Yacht vor uns von Sonnenschein und vier Beaufort aus Ost berichtete, horchten wir doch auf. Ein Vergleich der Positionen zeigte: Das gute Wetter war nur noch 90 Meilen weg. Offenbar hatten wir das berüchtigte Böenfeld hinter uns gebracht, ohne daß es so schlimm wurde, wie angekündigt. Daß auf andere gemünzte Prognosen für einen selbst nicht immer zutreffen, hatte eben auch sein Gutes.

Am nächsten Tag notierte ich ins Logbuch: »Hurra, der schöne Passat ist da! In der Nacht nahmen Wind und Seegang ab, und das Etmal liegt endlich mal wieder über 120 Seemeilen. In unseren 13 Tagen auf See haben wir 1115 Meilen zurückgelegt, was einem Tagesschnitt von nur 93 Meilen entspricht. Aber zuerst in der Flaute und dann bei stürmischen Winden sind wir eben nicht richtig vorangekommen. Ab jetzt bessert sich das hoffentlich.«

Endlich konnte ich volle Passatbesegelung setzen – ein Vorsegel nach Steuerbord, ein zweites nach Backbord und mit zwei Bäumen so weit nach außen gespreizt, daß *Baal* aussah, als seien ihr Flügel gewachsen. Der Fallschirm, den ich einsatzbereit auf dem Cockpitboden vertäut hatte, durfte wieder in der Backskiste verschwinden. Zur Feier des Tages hielten wir großen Hausputz. Vom Deck kratzte ich zwölf Fliegende Fische zwischen zwei und 20 Zentimetern Länge. Ausgerechnet der größte war nachts durch die Luke geflogen und in meiner Ölhose gelandet; wir hatten uns schon über den Geruch gewundert. Auf der Flucht vor Feinden katapultieren sich diese Tropenfische aus einer Welle und können dank ihrer extragroßen Seitenflossen über 100 Meter durch die Luft segeln. Nur Lenken können sie dabei kaum; wenn ihnen eine Yacht in die Quere kommt, landen sie hilflos auf dem Trockenen. Wenn sie das mitkriegte, sprang Petra, die Fliegenfisch-Retterin, zur Unglücksstelle und warf sie zurück ins Wasser. Das mußte blitzschnell gehen, denn eine halbe Minute nach dem Aufprall waren die Fische meist schon tot.

Während *Baal* in der Folgezeit eine ganze Reihe hervorragender Etmale einfuhr, inklusive eines persönlichen Rekords von 138,4 Seemeilen, was die uns in Riesenschritten der Karibik näherbrachte, spielte sich wieder eine nor-

138

male Bordroutine ein. Morgens kochte ich den Kaffee, während Petra den neuen Tag mit kräftigen Flüchen begrüßte. Auch wenn ihre Zerrung mittlerweile abgeklungen war, haßte sie es eben, gleich beim Aufstehen von heftigen Bootsbewegungen herumgeschleudert zu werden. Nach dem Frühstück, das außer Kaffee meist nur Kekse bot, das Topereignis des Tages: die Dusche. Dafür zogen wir die Kleidung aus, Sicherheitsgurte an und schöpften eimerweise Salzwasser aus dem Ozean, das wir uns gegenseitig über den Kopf gossen. Sicherheitsgurte brauchten wir, weil man die Leine am Henkel des Eimers beidhändig, ohne sich festzuhalten, einholen mußte und die reichlich eingesetzte Seewasserseife das Cockpit zudem in eine Rutschbahn verwandelte.

Danach waren wir sauber, aber müde. Auf hoher See ist Körperpflege ein Kraftakt und schon Nichtstun ziemlich anstrengend. Schließlich mußten wir die unaufhörlichen Bootsbewegungen ausgleichen, was, je nach Wellengang, an Spielplatzwippen. Hulahoopreifen-Tanz oder Rodeoreiten erinnerte. Es gab Tage, da hatten wir schon vom bloßen Herumsitzen Muskelkater. Folglich sparten wir an Aktivitäten, wo wir konnten. Ließen das Mittagessen ausfallen (oder ersetzten es durch Salzstangen) und begnügten uns mit einer warmen Mahlzeit am Abend, meist Tütenfraß, der nach dreimal Umrühren in heißem Wasser fertig war. Wenn es was zu feiern gab, beispielsweise, daß wir wieder einen Tag auf See hinter uns hatten, gönnten wir uns dazu eine Dose lauwarmes Bier. Manchmal rafften wir uns zu etwas Besonderem auf: buken Brot, schnitten Haare oder putzten das Boot. Meistens lasen wir, oder spielten – warum nicht? – »Schiffe versenken«.

Ohnehin waren wir vom ständigen Wachegehen müde.

Denn abgesehen von den Starkwindtagen, als ich von drinnen Ausguck hielt, befand sich immer einer von uns im Cockpit und paßte auf Kurs, Wind und Schiffsverkehr auf. Tagsüber versah den Dienst, wer sich gerade fit fühlte, nachts wechselten wir uns im Drei-Stunden-Rhythmus ab. Dabei hatte sich bewährt, daß Petra die erste und dritte Nachtwache von 20 bis 23 Uhr sowie zwei bis fünf Uhr übernahm, ich war in der zweiten und vierten Schicht von 23 bis zwei Uhr sowie fünf bis Frühstück dran. Die Einteilung hatte den Vorteil, daß Petra, der das furchtbar schwer fiel, nur einmal, nachts um zwei Uhr, aufstehen mußte. Ohnehin zweifelte sie am Sinn der Übung.

»Diese Nachtwachen sind Quatsch«, schrieb sie in ihr Tagebuch, »seit Wochen haben wir kein einziges Schiff gesehen.«

Aber ich bestand darauf, weil eine Kollision mit einem Frachter, wie unwahrscheinlich sie auch sein mochte, mit ziemlicher Sicherheit tödlich für uns ausginge.

Nicht, daß wir immer wach wären, wenn wir Wache hatten. Alle 20 Minuten ein Rundblick reichte: Horizont nach Positionslichtern absuchen, Kurs am Kompaß kontrollieren, Segelstellung überprüfen. Schon konnte man es sich wieder mit Decke und Kissen auf einer Cockpitbank gemütlich machen. Bis die Eieruhr das nächste Mal klingelte, lasen wir im Schein der Taschenlampe, hörten Musik aus dem Walkman oder hielten ein Nickerchen. Manche dieser Nächte im Passat waren traumhaft schön: Wenn vereinzelte Wassertropfen auf Deck das Sternenlicht spiegelten, das viel intensiver strahlte, als ich es an Land je für möglich hielt, und auch *Baal* ihre eigene Sternenspur zog, weil phosphoreszierende Algen das Kielwasser komentengleich lodern ließen.

Und trotzdem fühlte man sich am nächsten Morgen zerschlagen und verquollen, als habe man die ganze Nacht durchgesoffen. Die Tour ging allmählich ans Eingemachte.

Am 19. Tag auf See schrieb ich ins Logbuch: »Heute wieder ein wunderschöner Passattag. Schade, daß wir schon so lange unterwegs sind, daß wir dieses herrliche Segeln nicht mehr genießen können.«

Und Petra notierte unter dem gleichen Datum: »Ich will nur noch, daß das Wetter sich hält und wir endlich ankommen.«

Es hielt sich aber nicht. Nach vier schönen Tagen blähten sich die Wolken wieder mächtig auf und färbten ihre Bäuche dunkelgrau. Und in jeder konnte alles drinstecken: Regen, Blitz und Donner, Winddrehungen und Sturmböen. Das machte vor allem die Nächte ungemütlich. Eben noch sternklar, peitschte plötzlich ein tropischer Schauer ins Cockpit, und eine Böe wie eine Ohrfeige ließ unser Boot gequält aufstöhnen. Dann hieß es: raus in den Regen und schnell reffen, ehe es Bruch gibt. Längst war an Bord alles feucht, von Schauern, die uns bei offener Luke überraschten, von Gischtspritzern, von salzigem Schweiß, den wir in der schwülen Tropenhitze Tag und Nacht absonderten.

Am Morgen des 26. Tages auf See erschien ein schimmelig wirkender, grauer Fleck zwischen den Wolken am westlichen Horizont. Früher einmal, als es noch kein GPS gab und Seefahrer nie sicher sein konnten, wo und wann sie einmal Land sichten sollten, war das bestimmt ein magischer Moment. Wir Segler des Computerzeitalters wußten hingegen genau, wann besagter Fleck auftauchen würde: Tobago, Karibikinsel, elf Grad 15 Minuten Nord,

60 Grad 45 Minuten West – da wären wir also. Nicht, daß wir uns nicht freuten. Tage zuvor hatten wir bereits im Vorgefühl der Ankunft geschwelgt und einander vorgeplant.

»Wenn wir da sind, esse ich als erstes in einem Restaurant einen großen Teller frischen Salat.«

»Und ich«, lautete eine Replik, »ich bestelle mir eine extragroße Portion Eis.«

Aber als dann im Hafen der Inselhauptstadt Scarborough der Anker fiel, dachte keiner von uns ans Essen gehen. Wir wollten schlafen, schlafen, nur schlafen.

Eine Überdosis Schönheit

Scarborough – Marigot (St. Martin),
26. Dezember 1998 bis 4. Mai 1999

Als wir nach dreieinhalb Wochen auf See erstmals wieder den Fuß an Land setzten, schwankte der Boden noch einige Zeit im Takt der Wellen. Unser Gleichgewichtssinn stellte sich nur langsam von Bewegung auf Ruhe um; das Gefühl ist normal und heißt Landkrankheit, analog zur Seekrankheit. Was uns überraschte, war, daß wir auch die typischen Symptome eines Jetlags spürten. Dabei sollte man meinen, der Körper habe nun wirklich Zeit genug zur Aklimatisierung gehabt, während wir uns der Tropeninsel im Tempo eines gemächlichen Joggers näherten. Tatsächlich war das Klima draußen auf dem Ozean zwischen Kanaren und Karibik aber relativ gleichmäßig geblieben. Und in den Straßen von Scarborough, wo Häuser den kühlenden Passatwind abschirmten und die Erde vom Wasser häufiger tropischer Regengüsse dampfte, stand die schwüle Hitze. Wir schwitzten und ächzten, als ob wir gerade mit dem Flugzeug aus dem winterlichen Europa eingetroffen wären. Auch unter einer Art Zeitverschiebung litten wir: 26 Tage lebten wir mit einem dreistündigen Wechsel von Schlafen und Wachen. Nun, wo wir in einen normalen Rhythmus zurückkehrten, wurden wir tagsüber müde und schreckten nachts ständig hoch.

Zum Klimawechsel kam der Kulturschock. Scarborough, eine Ansammlung bunter Holzhäuser in Bauausführungen zwischen verfallender Kolonialvilla und slumartiger Bretterbude, hat rund 20 000 Einwohner. Und bis zum Abend kriegten wir den Eindruck, als ob sie alle schon mit uns Kontakt aufgenommen hätten.

»Hey man«, hieß es immer wieder von der Seite, von hinten, von vorne. Sobald wir schüchtern zurückgrüßten, bekamen wir einen Klaps auf die Schulter, die Hand ausgeschüttelt oder die Faust vors Gesicht gehalten. Dann mußte man mit der eigenen Faust dagegenstoßen, was »Freundschaft« bedeutet. Schon entspann sich ein kleiner Dialog.

»Wie geht es dir, mein Freund, gefällt dir meine Insel?«

»Oh, Tobago ist wunderschön, und wir sind glücklich, hier zu sein.«

»Alles klar, mein Freund, möchtest du eine Kassette mit Reggaemusik kaufen?«

Das war jedoch ein ziemlich überflüssiges Angebot, denn es plärrte in voller Lautstärke aus jedem Hauseingang und aus jedem Auto. Wir hörten das Konzert Tag und Nacht bis hinaus in die Ankerbucht. Übrigens sprachen die Leute auch viel lauter, als wir gewohnt waren. Anfangs zuckten wir mehr als einmal erschreckt zusammen, wenn jemand dicht neben uns im Gedränge auf dem Bürgersteig einem vorbeifahrenden Auto launige Bemerkungen hinterherbrüllte.

Dabei waren die meisten äußerst charmant zu uns und lachten uns freundlich an. Nie kam ein Gefühl der Bedrohung auf, obwohl wir doch aufgrund der weißen Hautfarbe als Touristen herausstachen, bei denen bestimmt einiges zu holen wäre. Trotz der allgegenwärtigen Armut wurden wir in den Wochen auf Tobago nur zweimal angebettelt. Beim ersten Mal blieben sofort die Passanten stehen und forderten uns auf, nichts zu geben. Den Bittsteller beschimpften sie, er dürfe sich nicht so erniedrigen und Fremde um Almosen angehen. Das zweite Mal konnte niemand einschreiten, weil ich alleine am Strand war, als mich ein junger Mann ansprach und mir eine lange, komplizierte Geschichte erzählte, die begründen sollte, warum er um ein paar Dollar für den Kauf von Motorenöl bat. Bei meiner Antwort suchte ich schon nach meinem Portemonnaie in der Gürteltasche.

Da unterbrach er mich und forderte: »Schau mir in die Augen, wenn du mit mir redest.« Wenn ich ihm etwas gäbe, ohne Blickkontakt zu halten, müsse er sich zurückgesetzt und als Person mißachtet fühlen. Trotz des allgemeinen Stolzes war unser Geld selbstverständlich heiß begehrt. Auf Schritt und Tritt wurden Geschäfte vorgeschlagen: Kassetten kaufen, Zöpfe flechten, Taxi fahren – vor allem Taxi fahren. Wenn wir eine Straße entlanggingen, hielt manchmal jeder dritte Autofahrer und fragte, ob wir gegen geringe Beförderungsgebühr mitgenommen werden wollten.

Nach unserer Ankunft fühlten wir uns erst einmal ziemlich überfordert von all dem Neuen, was da auf uns einstürmte. Weil zudem der Ankerplatz vor der Hauptstadt sehr unruhig war, wollten wir schnell weiter. Außerdem stand Silvester vor der Tür, und wir wurden doch in der Pirate's Bay im Norden der Insel erwartet. Zuvor mußten wir aber erst noch ordentlich in Trinidad and Tobago einklarieren, wie das Land offiziell heißt.

Das ist fast in der gesamten Karibik wahrhaft eine Staatsaktion. Wir sprachen beim Zoll und bei der Einwanderungsbehörde vor, ließen Pässe und Bootspapiere prüfen und stempeln, füllten Formulare in vierfacher Ausfertigung aus. Darin wurde geforscht nach Woher und Wohin, nach Besatzungsstärke und Passagierzahl, nach Ladung und Proviant. Die Listen waren die gleichen, die auch Frachtern und Kreuzfahrtschiffen vorgelegt wurden. Sich da einfach bloß als Mensch eintragen, ging nicht; wer die Spalte mit den Diensträngen frei ließ, bekam sein Formular zurück und mußte sich noch mal anstellen. Also beförderten wir uns zum Kapitän und Ersten Maat. Wir fanden das ja irgendwie komisch, doch die Offiziellen verstanden in solchen Etikette-Fragen keinen Spaß. Mochten ihre Landsleute auch noch so locker sein, die Uniformträger dieser jungen Staaten, die meist gerade mal 20 Jahre unabhängig von weißer Vorherrschaft waren, waren sich ihrer hoheitsvollen Würde voll bewußt. Wo immer wir in der Karibik hinkamen, zum Ein- und zum Ausklarieren legten wir deshalb die besten Kleider an und höflichstes Benehmen an den Tag.

Das wurde allerdings nicht überall erwidert. Für die Einreise nach St. Vincent and Grenadines hatte ich eine computergetippte Crewliste vorbereitet. Als ich sie dem Zollbeamten mit der Frage gab, ob er die vielleicht brauchen könne, schmiß der mir statt einer Antwort die Blätter vor die Füße. Freilich: Wer mal erlebt hat, wie in deutschen Amtstuben mitunter Schwarze behandelt werden, ist vorsichtig damit, andere der Behördenwillkür zu zeihen.

Was soll's, in der Pirate's Bay warteten unsere Freunde auf uns. Minuten nachdem dort der Anker fiel, war unser Cockpit überfüllt und *Baal* der Mittelpunkt einer Traube von Beibooten. Alle hatten die Ozeanüberquerung geschafft – und keinem hatte sie Spaß gemacht. Außer Anke von der *Fantasia*, die noch in Porto Santo erzählt hatte, sie werde auf keinen Fall über den Atlantik fahren. Ein Medikament gegen Seekrankheit hatte ihr soviel neue Freude am Segeln verschafft, daß sie als einzige in unserem Bekanntenkreis trotz der rauhen Bedingungen die Tour genossen hatte.

Während ich Rumpunsch ausschenkte, überboten wir uns gegenseitig mit Atlantik-Gruselstories. So erfuhren wir beispielsweise von jenem Franzosen, der unterwegs den Baum an den Kopf bekam, was ihm den Schädel spaltete. Überall Blut, aber seine Frau behielt die Nerven. Sie steuerte über den Ozean, kümmerte sich um Kind und Kahn und pflegte obendrein den komatösen Gatten. 19 Tage dauerte die Tortur. Weitere 48 Stunden hätte er wegen des Wundbrands nicht überlebt, sollen die Ärzte auf Tobago gesagt haben.

Und dann hörten wir von einem, ob Franzose, Schwede oder Schweizer blieb umstritten, der mitten auf dem Atlantik am Masttopp etwas reparieren wollte. Er ließ sich von seiner Frau, mit der er alleine unterwegs war, über die Fallwinde den Mast hochziehen. Oben angekommen, knotete er sich mit einer zweiten Leine fest, zur Sicherheit. Und bekam einen Herzinfarkt. Als die Frau einige Wochen später den nächstgelegenen Hafen erreichte und man ihn mit Hilfe eines Kranes herunterholte, soll die Leiche vom Passatwind bereits mumifiziert gewesen sein.

Ein Unglück anderer Art geschah auf *Sullaire of Glasgow:* Helen und David hatten sich unterwegs zerstritten. Daß so etwas mal passierte, wunderte niemanden, der die Enge an Bord und die psychische Belastung während der wochenlangen Ozeanpassage kannte. Schlimm allerdings, daß es Helen und David traf, die von allen so gemocht wurden. Das Drama überschattete auch die Silvesterfeier, für die wir mit Beibooten zu einer Strandbar nach Charlotteville, dem Ort in der nächsten Bucht, fuhren. Zwischen Barbecue und Reggae zogen sich immer wieder Gruppen zu klärenden Gesprächen zurück. Doch es gab nichts mehr zu kitten. Helen würde aus der gemeinsamen Yacht ausziehen und zur *Dagmar* wechseln, denn inzwischen hatten sich Helen und Eric ineinander verliebt.

Wo wir schon einmal direkt neben dem Urwald ankerten, wollten wir nicht nur Beziehungsprobleme besprechen, Schnorcheln, am Strand liegen und Deutschstunden geben (Petra unterrichtete Amber und Hollyann, die beiden Mädchen von der *Riverdancer*, und geriet prompt in den Ruf einer strengen Lehrerin, was sie sehr ärgerte). Also suchten wir einen Führer, der uns Flora und Fauna des tropischen Regenwaldes näher bringen könnte. Und gerieten an Dave, der im Hauptberuf Straßen-Bauarbeiter war, aber die Dschungel-Tour für ein Zehntel der 150 US-Dollar anbot, welche die professionellen Ranger aus den Anzeigen im Insel-Handbuch verlangten.

Trotzdem ging Dave die Sache höchst professionell an. Er ermahnte uns, festes Schuhwerk anzulegen und setzte den Abmarsch auf morgens um sechs Uhr fest; denn in der Mittagshitze würden wir Weiße bestimmt einen Hitzschlag erleiden. Außerdem wußte unser Führer Namen für jeden Baum und Strauch am Wegesrand, die wir zuvor nie gehört hatten und anschließend gleich wieder vergaßen, aber den nachhaltigen Eindruck botanischer Kompetenz vermittelten. Die Fauna des Tobago-Urwaldes machte nicht soviel her, doch war es andererseits tröstlich zu erfahren, daß die einsame Kuh schon das gefährlichste Tier war, dem wir im Busch begegnen würden.

Jedenfalls berichteten wir den anderen Seglern so begeistert von unserer Expedition, daß sich spontan eine große Gruppe zusammenfand und Dave für einen zweiten Ausflug buchte. Zu seinem Pech war diesmal Helen mit von der Partie, die selbst in Schottland als Rangerin gearbeitet hatte.

»Was erzählt der da?« wunderte sie sich, als Dave seiner andächtig lauschenden Gemeinde ein paar Halme vorführte, aus der die Bewohner von Tobago seit alters her angeblich Heiltees zubereiteten.

»Das ist ein ganz gewöhnliches Gras.«

Laß mal gut sein, bremsten wir Helen: »Dave kennt sich hier ein bißchen besser aus als du.«

Aber der Zweifel an der Kompetenz unseres Führers war doch gesät, und er selbst brachte ihn schließlich zur vollen Blüte.

»Dies, meine Freunde, ist der Kakao-Baum, aus dessen Früchten man Schokolade herstellt«, erklärte er gerade und knickte mit Aplomb einen Zweig zur Ansicht ab.

»Dave, das sind Kaffeebohnen«, hakte Helen ein.

Nein, Kakao, beharrte der Kritisierte, und schon entwickelte sich ein Streit, in dem immer deutlicher wurde, daß an unserem Bauarbeiter doch kein Botaniker verloren gegangen war und er uns womöglich die ganze Zeit genasführt hatte. Zudem war Dave nun eingeschnappt, weil ihm eine Frau widersprochen hatte, was sich nicht mit seiner männlichen Würde vertrug. Und so wanderten wir in peinlichem Schweigen weiter und wußten anschließend nur eins ganz sicher: Warum der Regenwald Regenwald heißt – wir kehrten so naß zurück, als ob wir in einen Fluß gefallen wären.

Nach zwei Wochen in der Pirate's Bay zerstreute sich unser schwimmendes Dorf schließlich. Die meisten wendeten sich südwärts Richtung Trinidad und Venezuela, wo der Karneval lockte und die Lebenshaltungskosten angeblich billiger seien. Wir behielten unsere ursprünglichen Pläne bei und segelten zusammen mit Hella und Günter von der *Karo*, die wir in Scarborough wiedergetroffen hatten, zur nordwestlich gelegenen Nachbarinsel Grenada.

Bei der Ankunft merkten wir, daß wir den noch eher ursprünglichen Teil der Karibik soeben verlassen hatten. Allein in der Prickly Bay, wo wir einklarierten, ankerten zehnmal mehr Yachten, als auf ganz Tobago anzutreffen waren. Tropischer Regenwald, der in der Pirate's Bay bis ans Wasser reichte, hatte sich nur noch tief im Landesinneren gehalten. Dafür gab es für die Bootstouristen Golfplätze, Marinas sowie einen Wäsche-Service, der uns hochwillkommen war. Hier würden wir unsere Freundin Sabine treffen, die für drei Wochen aus Deutschland einflog und mit uns zu den kleineren Nachbarinseln Cariacou, Union und Tobago Cays segelte.

Der knatternde Außenborder und kurz darauf ein kratzendes Geräusch an unserer Bordwand kündigten ihn unmißverständlich an: den nächsten einheimischen Händler, der in Erwartung glänzender Geschäfte mit seinem Boot an *Baal* längsseits scherte. Er war der sechste, seit wir vor zwei Stunden den Anker in der karibischen Postkarten-Idylle der Tobago Cays hatten fallen lassen. Doch ehe ich mich aufraffen konnte, mein Mittagsschläfchen zu unterbrechen, war Petra schon bei ihm: »Vorsicht, du zerschrammst ja unseren Rumpf!«

Was unser Besucher mit einem gut gelaunten »no problem, baby!« quittierte.

Wir kannten das von früheren Gelegenheiten: Petra war »baby« oder »darling«. Mich grüßte man zwar respektvoll mit »captain« oder »skip«, aber Verkaufsgespräche führten die »boatboys«, wie die fliegenden

150

Händler mit ihren abenteuerlichen Kähnen hierzulande genannt werden, viel lieber mit Petra. Die boatboys sind meist junge Kerle mit Bodybuilder-Figuren, Geschäftssinn und einem ausgeprägten Faible für die Schönheiten des weiblichen Geschlechts. Mein Job beim Handel war eher, anschließend die Kratzer im Rumpf zu flicken.

Folglich hielt ich mich im Hintergrund, zumal ich mir nicht vorstellen konnte, was wir – nach fünf boatboy-Besuchen – noch brauchen könnten.

»Hey, baby, willst du ein paar Limonen?«

Danke, haben wir eben erst gekauft, antwortete Petra.

»Vielleicht Bananen?« Auch schon da.

»Hast du vielleicht Brot?« erkundigte sich meine Frau.

»Nein, darling, hab' ich nicht, aber Lobster!«

Und aus dem Kajütfenster sah ich, wie er einen Hummer vom sonnenbeschienenen Bootsboden hochhob und ihm kräftig ins Stielauge kniff – das Schalentier bewegte sich apathisch. Kein Bedarf, sagte Petra hastig, aber das schreckte den wackeren Verkäufer nicht ab.

»Hey, baby, ich weiß, was du wirklich willst. Laß uns zum Strand fahren und Liebe machen!«

Boatboys gehören zur Karibik wie Cowboys zum Wilden Westen. Wer entlang den ärmeren Inseln zwischen Grenada und St. Lucia von Bucht zu Bucht kreuzt, macht unweigerlich Bekanntschaft mit den Jugendlichen, die für eine Handvoll Zitronen die ankernden Yachten abklappern und beim Anblick sonnen- und salzwasserblondierter Frauenhaare reflexartig Liebesschwüre ausstoßen.

Des weiteren trifft man jede Menge Segler, die entschiedene Ansichten zu diesem Thema feilbieten. Heinz etwa, der früher im Schwäbischen zu Hause gewesen war und nun in der Karibik seine Ersparnisse versegelte, warnte uns aus gesellschaftlicher Verantwortung davor, die – zugegebenermaßen horrenden – Preise der halbstarken Händler zu zahlen.

»Wie sollen diese Kinder den Wert geregelter Arbeit schätzen lernen«, argumentierte Aussteiger Heinz, »wenn sie mit einigen geklauten Früchten in fünf Minuten mehr verdienen als der Papa, der den ganzen Tag in der Bananenplantage schuftet?«

»Welche geregelte Arbeit denn?« hielt Karibikkenner Bernhard dagegen. »Boatboy ist der einzige Job, den es für die Kids auf diesen Inseln gibt. Mit den paar Kröten, die sie dafür kriegen, müssen sie oft genug ihre Familie ernähren.«

Dieter, der dänische Einhandsegler, kaufte ebenfalls bei den boatboys, aber nicht aus Menschenfreundlichkeit. »In manchen Ecken schneiden sie dir sonst die Ankerleine durch.«

Nach unseren Erfahrungen war ein solcher Generalverdacht völlig unbegründet. Gut, es gab ein paar schlimme Finger wie beispielsweise Herman mit dem merkwürdigen Spitznamen »the German«, ein bootsfahrender, crackrauchender Satyr, der sich nur mit Gewalt daran hindern ließ, unsere Freundin Sabine gegen ihren Willen ins Gebüsch zu zerren. Aber wir lernten eben auch Simon in der Tyrell Bay kennen, der seinen geschmuggelten Wein zu den ehrlichsten Preisen der gesamten Karibik verkaufte. Oder John, der uns seine geschäftlichen Zukunftspläne erläuterte. Und als Dank für einige verkaufsfördernde Tips (etwa: das Obst nicht in der Mülltüte, sondern in einem hübschen Weidenkorb anbieten) uns soviele Limonen schenkte, daß wir nun bis in alle Zukunft gegen Skorbut immun sind.

Außerdem war man selber schuld, wenn man die Ehrlichkeit der boatboys überforderte. Da ankerten wir also vor den Tobago Cays, wo es außer klarem Wasser und bunten Fischen einfach nichts gibt. Vor allem kein Brot. Weshalb wir gerne das Angebot unseres liebestollen Bootshändlers annahmen: Er werde, sofern wir das Geld für Benzin und Bäcker vorstreckten, mal eben zur nächsten Insel tuckern und bald darauf mit einem frischen Baguette zurück sein – »no problem, baby«. Das war dann natürlich das letzte, was wir von ihm gehört haben.

Nicht nur auf den Tobago Cays war das Nahrungsangebot viel dürftiger, als unserem vorgefaßten Karibikbild entsprach. Die Inseln zwischen Tobago im Süden und Martinique im Norden waren ausgesprochen arm, und auf den Märkten fanden sich eher Jamswurzeln und Süßkartoffeln denn ein ausladendes Früchteangebot. Mit zwei leckeren Ausnahmen waren auch unsere Restaurantbesuche Enttäuschungen. Auf Union Island beispielsweise lud uns Sabine in ein Strandlokal mit Buffet ein. Es gab Würstchen und verschiedene Wurzelgemüse. Als ich einen schwarzen Knubbel aus meinem Essen pulte und an den Rand des Tellers legte, ließen Petra und Sabine sofort Messer und Gabel sinken: »Was ist das?«

»Ach«, antwortete ich zwischen zwei Bissen, »nur eine halbe Kakerlake. Keine Ahnung, wer die andere Hälfte hat.«

Die beiden zogen daraufhin vor, ihren Hunger auf *Baal* zu stillen, die übrigens allen Unkenrufen zum Trotz immer noch schabenfrei war.

Das dürftige Angebot hing natürlich mit der Armut der Bevölkerung zusammen, die sich teure Lebensmittel nun mal nicht leisten konnte. Daß an ihren Inseln alljährlich Tausende wohlausgerüstete Yachten zumal der hier stationierten Charterflotten vorbeidefilierten, auf denen scheinbar unermeßlich reiche Weiße einem Luxusleben frönten, führte in manchen Gegenden zu sozialen Spannungen. In einigen Büchern wurde deswegen empfohlen, St. Vincent, die ärmste Insel der Kleinen Antillen, zu meiden. Wir ankerten hier eine Nacht und sahen zu, wie am Strand drei Pilotwale geschlachtet wurden, die zuvor von einem offenen Boot aus erlegt worden waren. Der Harpunier Vernon, mit dem ich ins Gespräch kam, erzählte, daß sie jüngst Besuch von US-amerikanischen Tierschützern hatten, die ihn aufforderten, den Walfang aufzugeben.

»Ich will das gerne tun«, habe er geantwortet, »wenn ihr mir irgend eine andere Arbeit besorgt.«

Vernon, der etwa in meinem Alter war, wohnte in einer drei mal vier Meter großen Hütte mit geflochtenen Matten als Wände und Wellblechdach. Sein gesamter sichtbarer Besitz bestand aus Hose und T-Shirt zum Wechseln, einem Metallbett mit Schaumstoff-Fetzen als Matratze, einem Abreißkalender von 1994 und einem Topf mit Dreibein, in dem er über offenem Feuer sein Essen kochte. Als ich von seiner Hütte zum Strand zurückkehrte, schubste und knuffte mich eine Schar Kinder, obwohl ich nur eine Badehose trug, da ich zum Strand geschwommen war: »Gib mir einen Dollar, gib mir einen Dollar!«

In St. Lucia, St. Vincents fast ebenso armer Nachbarinsel im Norden, schrieb Petra in ihr Tagebuch: »Gestern rief uns ein junger Mann hinterher, er hoffe, wir Weißen würden alle bald verrecken. Mir fehlt inzwischen die Lockerheit, über solche Vorkommnisse hinwegzusehen. Außerdem fällt mir in unserem schaukelnden Gefängnis die Decke auf den Kopf. Ich wünschte, wir wären wieder zu Hause und ich könnte Freunde treffen und Arbeiten gehen.«

Klarer Fall von Palmen-Blues: So nannten jedenfalls Klaus und Maggie jene Karibikdepression, die ihrer Er-

fahrung nach fast jeden Langfahrtsegler irgendwann über-
fällt. Die beiden Hamburger segelten seit sieben Jahren
durch die tropische Inselwelt und gerieten dabei in man-
ches Stimmungstief.

»Nach einem Jahr hatte ich Sonne, Strand und blaues
Wasser einfach satt«, bekannte Maggie, »mein Sinn für
Schönheit hatte eine Überdosis abbekommen.«

Statt dessen gewannen die kleinen Widrigkeiten des
Yachtie-Lebens unverhältnismäßiges Gewicht – Hitze,
schaukelige Ankerplätze, die ständigen Reparaturen und
die ewige Enge an Bord trieben sie mitunter zur Weißglut.
Aber gegen Palmen-Blues gibt es ein Rezept, haben die
beiden herausgefunden: Klaus und Maggie leben und arbeiten nun zum Ausgleich ihres Aussteiger-Daseins jedes
Jahr mehrere Monate wieder in Hamburg.

»Ihr glaubt gar nicht, wie sehr wir uns danach wieder
auf unser Boot freuen«, erzählte Klaus.

Das wäre Hiltruds größter Wunsch – Ferien vom
Boot in Deutschland. Aber ihr Mann Karl, mit dem sie
seit einem Dutzend Jahren zwischen den Inseln schip-
pert, sei strikt dagegen, erzählte sie Petra. Karls Argu-
mente: Erstens sei das Geld knapp, und außerdem führe
sie doch ein phantastisches Leben, um das sie die meisten beneideten. Richtig glücklich wirkte Karl auf uns
aber nicht. Doch wovon soll man noch träumen, wenn
man in einer Traumbucht auf einer Traumyacht in der
Sonne träumt?

Als wir vor der Insel Dominica ankerten, die ich zu-
sammen mit Tobago als die schönste unserer gesamten
Reise ansah, mochte Petra kaum von Bord – »keine
Lust«. Nun wurde ich langsam ernstlich böse.

»Es ist doch Unsinn, wenn du dich in Hamburg in die
Karibik sehnst, und in der Karibik nach Hamburg«,

schimpfte ich: »Flieg für eine Woche zurück, und sieben Tage Schmuddelwetter werden dich kurieren.«

Aber das wollte wiederum Petra nicht.

»Lohnt nicht mehr«, fand sie: »In gut einem Monat segeln wir doch ohnehin wieder zurück.«

Aber zuvor schauten wir uns noch einige schöne Ecken an, in denen auch Petra ihren Palmen-Blues überwand. Von Martinique und Guadeloupe war sie sogar begeistert, und das lag nicht nur an ihrer wundervollen Natur, die wir in ausgedehnten Ausflügen bewunderten. Sondern auch an der – Sozialhilfe. Diese französischen Karibikinseln wurden vom Mutterland finanziell unterstützt; der relative Wohlstand im Vergleich zu den Nachbarn war überall zu sehen, die deshalb geringere soziale Spannung deutlich zu spüren.

Wenn die Segelsaison vor dem Beginn der Hurrikan-Monate langsam zu Ende geht, verschwinden die Yachten in zwei Richtungen aus der Karibik: Diejenigen, die in den Tropen bleiben möchten, wenden sich nach Süden, um die Zeit der Stürme in Trinidad oder am südamerikanischen Festland zu verbringen. Wer nach Nordamerika oder Europa will, plant den Absprung meist von einer der nördlichen Antillen-Inseln. Inzwischen hatte sich ein kleiner Konvoi europäischer Yachten auf Heimatkurs gesammelt, mit deren Crews wir befreundet waren: Hella und Günter auf *Karo*, Christine und Andreas auf *Punctulum*, Anke, Bart und Ab auf *Fantasia*, der irische Einhandsegler Mike auf *Blue Falcon* und David mit *Sullaire of Glasgow*, mittlerweile ja ebenfalls einhand unterwegs. Bis auf *Karo* und *Punctulum*, die eine andere Route nahmen, wollten wir gemeinsam den Rivière Salée durchqueren, einen natürlichen Kanal zwischen Mangrovenufern, der die schmetterlingsförmige Insel Guadeloupe in zwei Hälften teilt.

Die Tour begann ähnlich wie auf holländischen Kanälen: mit einer Straßenbrücke, die zu nächtlicher Zeit geöffnet wurde. Außer uns Vieren warteten noch einige andere Boote, und als die Bahn frei war, sah Petra, daß ein kanadischer Katamaran seitlich abtrieb. Er hatte Motorprobleme, also machten wir kurzerhand eine Leine klar und schleppten ihn ab, ehe er auf Grund lief. Allerdings hingen wir selbst während des Rettungsmanövers eine Schrecksekunde lang fest, denn der Rivière Salée ist ebenso wie die Bucht, in die er mündet, sehr flach. Das merkte auch David, der seine *Sulaire* am Ausgang des Kanals für einen Moment unaufmerksam steuerte und prompt auflief. Inzwischen hatten die Kanadier ihren Motor in Gang bekommen, also warfen wir unsere Leine kurzerhand zu David und zerrten ihn nach einigen Vollgas-Versuchen schließlich von der Untiefe.

Draußen in der Bucht war derweil schon die nächste Yacht gestrandet, ein großer französischer Zweimaster, deren Crew die Rettung bereits als aussichtslos aufgegeben hatte. Aber da wir gerade gut im Training waren, ankerten wir in der Nähe; Bart, Ab, Mike und ich setzten mit Beibooten über, um nachzuschauen, was sich noch machen ließ. Ab tauchte und stellte fest: »Das sieht böse aus, er hängt mit dem Kiel auf einem Korallenriff.«

Zusammen mit den Franzosen brachten wir alle Anker aus: zwei nach vorne und einen zur Seite. Mit dem seitlichen, der mit den Fallen am Mast verbunden wurde, legten wir die Yacht so weit wie möglich auf die Seite. Gleichzeitig holten wir die vorderen Anker dicht, indem wir den Zug der Kette auf mehrere Winschen verteilten und mit aller Kraft kurbelten. Und tatsächlich rutschte der Zweimaster so ins tiefe Wasser – gerade rechtzeitig, daß Mike und ich im Beibot zu seiner *Blue Falcon* düsen konnten, deren Anker nicht gehalten hatte und nun ebenfalls aufs Riff zu treiben drohte.

Als wir am nächsten Morgen nach Antigua aufbrachen, rief Bart von der *Fantasia* herüber: »Hallo *Baal*-Rescue-Team, dort drüben ist schon wieder einer aufgelaufen!«

So ein neuer Spitzname schmeichelte natürlich: »*Baal*-Rettungs-Team« – und verpflichtete. Wir motorten in die Nähe und hatten den Havaristen, einen Charter-Katamaran, mit der bewährten Anker-Methode bald wieder flott.

Auf Antigua trennten sich die Wege unseres Yacht-Quartetts. Mike und David wollten von hier die Atlantiküberquerung starten: Mike nach Irland, David Richtung USA, von wo er später im Jahr heim nach Schottland segeln wollte. Wir anderen planten einen kurzen Abstecher nach St. Kitts, wo Affen leben, und wollten dann von St. Martin starten, das zwei Inseln weiter nordwestlich lag und die besseren Einkaufsmöglichkeiten bot. Trotzdem nahmen Petra und ich schon zwei Wochen von der eigentlichen Abfahrt auf Antigua Abschied von der Karibik. Auf der Karte hatten wir eine geschützte Ankerbucht entdeckt, die uns noch einmal alles bot, was wir fortan vermissen mußten: ein Korallenriff mit bunten Fischen; klares, warmes Wasser; blendend weißer Sandstrand auf einer kleinen Insel mit drei Kokospalmen. Hier blieben wir über die Ostertage 1999 und schrieben in aller Ruhe lange Listen mit Arbeiten, die wir in unseren letzten zwei karibischen Wochen auf St. Martin erledigen mußten, um klar Schiff für unsere zweite Atlantiküberquerung zu machen.

Kein Heimweh nach St. Pauli

Marigot – Hamburg,
4. Mai bis 20. Juli 1999

Diese Aussage schrieb ich sofort ins Logbuch, damit ich Petra unterwegs daran erinnern konnte: »Ich freu mich auf die Überfahrt!« hatte sie gesagt. Und als ich nachhakte, ob sie das ernst meinte, sogar ausdrücklich bestätigt. Welch eine Wendung in wenigen Monaten. Nachdem wir auf Tobago eingetroffen waren, hatte Petra noch geschworen, sie werde »nie wieder« einen Ozean im Segelboot überqueren. Aber die Zeit heilte eben alle Wunden, auch die, welche der Atlantik uns zufügte.

Außerdem hatten wir ja keine Wahl, obwohl wir einige Zeit lang schon über Alternativen nachdachten. Aber ein Bootsverkauf kam nicht in Frage. Das wäre uns wie Verrat an *Baal* vorgekommen, sie auf halber Strecke schnöde abzustoßen, nachdem sie uns sicher und zuverlässig bis hierher gebracht hatte. Ohnehin lag der Gebrauchtbootmarkt auf der amerikanischen Seite des Atlantiks danieder, und wir hätten vermutlich kaum was für unsere Yacht gekriegt. Die Idee, *Baal* per Decksfracht auf einem Containerschiff zurückzusenden, scheiterte ebenfalls am Geld: Der Spaß würde eine fünfstellige Summe kosten, und das konnten wir uns nicht leisten. Einmal schlug Petra sogar vor, ich könne *Baal* doch einhand zurücksegeln, wie das Mike, David und nun auch Andreas von der *Punctulum* vorhatten, nachdem seine Frau Christine krank geworden war und nach Deutschland zur Untersuchung fliegen mußte. Prinzipiell hätte mich das schon reizen können, aber nicht auf diesem Törn: Es war doch unsere Hochzeitsreise!

Zur Not hätte ich es wohl trotzdem getan, aber auf St. Martin legte Petra ihre letzten Vorbehalte ab, die sie gegen eine zweite Atlantiküberquerung gehegt hatte. Was außer an den heilenden Wirkungen der Zeit sowie ihren gelegentlichen Rückfällen in den Palmen-Blues auch an dieser besonderen Atmosphäre zum Ende der karibischen Segelsaison lag. Wie ein Schwarm Zugvögel hatten sich in den Buchten von St. Martin die Yachten gesammelt, um sich auf die große Reise vorzubereiten. Auch wir ließen uns von der allgemeinen Aufbruchstimmung anstecken und studierten immer ungeduldiger die Wetterprognosen.

Fragte sich nur, wohin wir überhaupt fahren sollten. Ursprünglich hatten wir Bermuda anvisiert, das rund 900 Seemeilen nördlich von uns lag und in gut acht Tagen zu erreichen war. Dort wollten wir uns ostwärts wenden, um nach 1800 Meilen die Azoren zu erreichen. Die meisten Yachten hier wollten jedoch auf direktem Weg zu den Azoren segeln. Das wäre ein 2200-Meilen-Törn, für den wir mindestens drei Wochen benötigen würden. Eigentlich hatten wir nach den Erfahrungen der ersten Atlantiküberquerung beschlossen, lieber kürzere Etappen zu wählen und dafür einen Umweg in Kauf zu nehmen. Inzwischen waren wir sogar überzeugt, daß die Passage im Dezember uns nur halb so schlimm vorgekommen wäre, wenn wir auf den Kapverden Zwischenstation gemacht hätten.

Das sprach eindeutig für die Bermuda-Variante. Trotzdem wählten wir die direkte Route zu den Azoren. Denn ab Bermuda wären wir die gesamte Strecke über im Einflußbereich der atlantischen Tiefs, während die »Direttissima« zu zwei Dritteln durch Schönwettergebiete verlief. Daß wir unterwegs mit ausgedehnten Flauten rechnen mußten, schreckte uns weniger als die Aussicht auf Kälte und Starkwind – schließlich hatten wir uns gerade einen Autopiloten gekauft, damit wir auch unter Maschine nicht mehr selber steuern mußten. Außerdem hatten wir mit unseren neuen Ersatzkanistern genug Sprit für 1000 Meilen Motorfahrt.

Als wir am Morgen des 4. Mai in der Bucht von Marigot den Anker hochholten, tuteten all unsere Freunde zum Abschied in die Nebelhörner. Dabei wollten wir draußen gar nicht lange alleine bleiben. *Karo* und *Punctulum* würden wenige Stunden nach uns starten. Wir hatten verabredet, daß wir in Funkkontakt blieben, bis die Distanzen schließlich zu groß wurden. *Baal* besitzt, wie beinahe alle Yachten, ein UKW-Funkgerät, mit dem sich Gespräche über eine Entfernung von 20 Seemeilen führen lassen. Wir hatten unsere Funkanlage sogar von einer Fachfirma für über 200 US-Dollar durchchecken lassen, weil seine Leistung nicht zu stimmen schien. Um so ärgerlicher, daß der Fehler nicht behoben war und wir schon mittags *Karo* und *Punctulum* nicht mehr erreichen konnten.

Andererseits sagten wir uns, daß auf dem Ozean ohnehin jeder für sich alleine ist und ließen uns die Stimmung nicht vermiesen. Das Wetter war gut, und der Passat wehte angnehm aus Südost, so daß wir hoch am Wind Kurs Azoren segeln konnten. Ein Glücksfall: Üblicherweise bläst es in dieser Gegend aus Ost bis Nordost, und

Yachten müssen einen Umweg in Kauf nehmen, bis sie aus der Passatzone heraus sind. Außerdem bekämen wir auch so zumindest mit, wie es *Punctulum* erginge. Andreas besaß eine Amateurfunk-Sendeanlage, und wir konnten auf unserem Kofferradio zuhören, wenn er in der sogenannten Karibikrunde segelnder Funker allabendlich seine Fortschritte mitteilte.

Wir waren allerdings ziemlich verblüfft, als am dritten Abend auf See die Runde plötzlich über unsere *Baal* redete. Andreas hatte in der Nacht zuvor den hellen Schein von Signalraketen gesehen und sich zusammengereimt, daß die nur von uns stammen könnten. Wollen Petra und Marcel irgend etwas mitteilen, ist *Baal* gar in Seenot?, rätselten die Funkfreunde. Andreas hatte seine *Punctulum* sofort in Richtung des vermuteten Abschußortes der Raketen gesteuert, aber in der Dunkelheit nichts entdecken können. Das ließ ihm keine Ruhe: »Petra, Marcel, wenn ihr mich hört, versucht bitte in meine Nähe zu gelangen, damit wir Kontakt aufnehmen können«, sprach er uns direkt an und gab anschließend Position und Kurs durch.

Na, das war ja vielleicht eine Geschichte. Wir hatten selbstverständlich keine Signalraketen abgeschossen, wahrscheinlich wurde Andreas von Sternschnuppen genarrt. Doch andererseits war es sehr nett von ihm, daß er sich so um uns sorgte. Also wendeten wir auf Gegenkurs, denn *Punctulum* lag noch gut 20 Seemeilen hinter uns. Und jede Viertelstunde funkten wir mit unserem kaputten UKW-Gerät hinaus in die pechschwarze Nacht: »*Punctulum, Punctulum, Punctulum*, hier ist Segelyacht *Baal*. Kannst du mich empfangen, over?« Nach zwei Stunden endlich Antwort: »*Baal*, hier ist Günter von *Karo*. Ich verstehe euch leider sehr schlecht.« Auch wir hörten fast nur

Rauschen und Krächzen, bekamen aber wenigstens mit, daß er Andreas rüberfunken werde, der in seiner Nähe segelte, an Bord der *Baal* sei alles wohlauf. Dann brach die Verbindung ab, wir waren wieder auf uns allein gestellt.

Am 8. Mai feierten wir unseren ersten Hochzeitstag auf See mit einer warmen Süßwasserdusche, was eine ziemliche Prozedur war. Erst zapften wir Wasser aus dem Tank in den Kessel um und erhitzten es auf dem Herd. Anschließend füllten wir einen Plastiksack, der in einen Schlauch mit Duschkopf mündete. Den Sack hängten wir an den Großbaum, und während einer die im Takt der Wellen baumelnde Dusche bändigte, konnte der andere sich berieseln lassen – ein Luxus, der vor allem Petra geradezu in Hochstimmung versetzte. Allerdings war die gute Moral an Bord nicht allein auf die paar Tropfen Süßwasser zurückzuführen. Wir verstanden uns einfach prima und wetteiferten, einander das Bordleben so angenehm wie möglich zu gestalten. Gelegenheiten für kleine Aufmerksamkeiten gab es zuhauf: trotz Seegang eine zweite Runde Tee kochen, des anderen Lieblingsplätzchen aus der Backskiste kramen, oder – auf See das größte Geschenk – nachts freiwillig länger Wachegehen und den anderen schlafen lassen.

Wir hatten öfters von Psycho-Horror-Trips segelnder Paare auf Langfahrt gehört. Doch so belastend die körperlichen und seelischen Herausforderungen auf hoher See auch manchmal waren, unsere Beziehung litt nie darunter, im Gegenteil: Wir hatten während unserer wochenlangen Ozeanpassagen keinen einzigen Streit, was man von unserer karibischen Zeit leider nicht behaupten konnte. Petra erklärte das so: »Wenn man zusammen diese riesigen Weiten erlebt, rückt man einfach unwillkürlich enger zusammen.«

Der Passat hatte uns inzwischen verlassen. Als wir den 20. Breitengrad überquerten, hauchte der Südost sein Leben aus. Wir waren nun in einem Gebiet wechselhafter Brisen und ausgedehnter Flauten, das sich bis zum 30. Breitengrad erstreckte, wo derzeit die Westwinde begannen. Das bedeutete für uns: zehn Tage lang viele Segelwechsel und häufiges Motoren. Allerdings kamen wir noch langsamer voran, als erwartet; unsere Etmale lagen kaum mal über 100 Seemeilen – wirklich enttäuschend. Petra vermutete schon, daß sich vielleicht ein Tau oder eine Plastikplane am Kiel oder Ruder verfangen hätte. Wir drehten bei, damit ich hinuntertauchen konnte. Deshalb weiß ich jetzt, wie gruselig es sich anfühlt, im Wasser herumzuplanschen, das mehr als 6000 Meter tief ist. Einen Fremdkörper, der *Baal* bremste, sah ich dagegen nicht. Wir befanden uns offenbar in ungünstiger Meeresströmung. Trotzdem bereuten wir unsere Routenwahl nicht. Vor Bermuda tobten heftige Gewitter, bei uns war die See ruhig und der Himmel klar.

Ich konnte inzwischen sogar vorhersagen, wie lange es so bleiben würde. Denn im Vergleich zur ersten Atlantiküberquerung hatten sich unsere Wetter-Informationsmöglichkeiten dramatisch verbessert. Natürlich lauschten wir weiterhin bei Christoph rein, aber daneben gab es auch Herb, einen kanadischen Amateurfunker, der in diesem Frühjahr beinahe 100 Yachten auf dem Atlantik meteorologisch betreute. Da war immer jemand in der Nähe, so daß die Prognosen mit größerer Zuverlässigkeit auf uns übertragen werden konnten als uns das bei Christophs verstreuter Klientel gelang. Vor allem hatte ich mir eine Software gekauft, mit der unser Computer Funkfaxe entschlüsseln konnte. Und anhand der hervorragenden Wetterkarten und Satellitenbilder, die die US-Küstenwache übertrug, konnten wir uns ein eigenes Bild machen. Das alles war wesentlich nervenschonender als unser meteorologischer Blindflug im Dezember.

Allerdings mußten wir das Antennenkabel mehrmals täglich umstöpseln. Denn in unserem Kofferradio kamen die Amateurfunker klarer durch, während unser Computer nach wie vor mit dem in England gekauften Kurzwellenradio besser zusammenarbeitete. Prompt riß der Stecker vom Antennenkabel. Wir hatten zwar einen Lötkolben dabei, aber der arbeitete nur mit 220 Volt, und unser Bordnetz bot nur zwölf. Drohte nun Funkstille? Nichts da! Wir heizten den Elektrokolben in der Flamme des Petroleumherdes auf und konnten so das Kabel wieder anlöten. Wir waren richtig stolz auf unseren Einfallsreichtum, auch wenn wir zwei Tage später hörten, daß der so einmalig nicht war. Andreas erzählte seiner Funkrunde, daß er einen Wackelkontakt auf gleiche Weise repariert hatte.

Immerhin waren wir von unseren Wetter-Informationen nicht abgeschnitten, und darauf kam es an. So wußten wir denn auch lange im voraus, daß wir am 17. Mai in eine Kaltfront laufen würden. Auf dem Satellitenbild war das Wolkenband klar und deutlich zu sehen: ein grauer Streifen, der sich über den halben Ozean zog und in unserer Nähe in westöstlicher Richtung verlief. Wir beschlossen, schnurstracks nach Norden zu laufen, weil wir so schneller durch wären. Die Kaltfront machte ihrem Namen alle Ehre. Binnen Minuten begann es zu blasen, und die Temperatur fiel um etliche Grad, so daß wir unsere Faserpelze hervorkramen mußten, die wir nicht mehr benötigt hatten, seit wir vor acht Monaten und 8231 Seemeilen Kap Finisterre umrundeten. Aber das mußte ja irgendwann so kommen, wenn man aus den Tropen

Richtung Europa segelte. Ungewöhnlich, wenngleich per Wetterfax angekündigt, war hingegen die Windrichtung – Nordost: Es wehte genau von den Azoren herüber. Bis sich das wieder änderte, mußten wir wohl oder übel gegenau kreuzen.

Deshalb wurde die Strecke 200 Seemeilen länger als vorgesehen, und wir kamen erst nach 23 Tagen und 22 Stunden in Horta, dem Hauptort der Azoreninsel Faial an. Was die Zeitdauer angeht, also kein großer Unterschied mehr zu unserer ersten Atlantiküberquerung. Aber ansonsten: Kein Vergleich! Als wir in Tobago einliefen, pfiffen wir praktisch aus dem letzten Loch, Horta erreichten wir müde – logisch –, aber zufrieden und glücklich. Selbstverständlich hatten wir uns auch über die lästigen Kreuzkurse geärgert. Und als der Seegang anschwoll, hatte Petra wieder einmal jeden Tag mit herzhaften Flüchen begrüßt. Aber als sie aus ihrem allmorgendlichen Tief heraus war, sagte sie, daß sie die Wogen »majestätisch« finde. Und kein Wort mehr davon, daß sie nie wieder über einen Ozean segeln wolle. Offenbar gewöhnt sich der Mensch an alles, sogar ans Hochseesegeln.

Die Azoren waren über Jahrhunderte der Verkehrsknotenpunkt des Atlantiks. Segelschiffe, die von Kontinent zu Kontinent fuhren, kamen hier vorbei. Ja, sogar von Afrika nach Europa führte aufgrund der Wind- und Strömungsverhältnisse die beste Route an den portugiesischen Inseln mitten im Ozean vorbei. Mit dem Aufkommen der Dampfschiffahrt änderte sich das, doch für Yachten behielten die Azoren ihre Anziehungskraft. Darüber hinaus waren sie nicht nur ein passend plazierter Zwischenstopp, sondern vor allem wunderschön. Landschaftlich gehörten sie – mit den Islas Cies, dem Madeira-Archipel und einigen der Karibikinseln – zu den absoluten Höhepunkten unserer Reise. Und auch die Menschen fanden wir sehr freundlich; als wir einmal über eine Straße im Landesinneren von Faial wanderten, hielt fast jeder Autofahrer und fragte, ob er uns mitnehmen könne.

Ganz besonders war jedoch die maritime Stimmung im Hafen von Horta. Das hatte nichts von snobistischer Yachtclub-Atmosphäre, denn wer hier in der traditionellen Segler-Stammkneipe *Café Sport* feierte oder die Crews der Nachbarlieger in der Marina an Bord einlud, hatte garantiert eine anspruchsvolle Ozeanreise absolviert. Unser gesellschaftliches Leben verlagerte sich zum Teil in die *Casa pico bello*. Dort wohnte Lothar Schmidt, der Stützpunktleiter von *Trans-Ocean*, unserem Segelclub. Es gab etliche solcher Stützpunkte auf unserer Route, und wir hatten anfangs in ihnen vor allem praktische Postadressen gesehen. Tatsächlich lernten wir aber eine ganze Reihe netter Menschen kennen, die uns Seglern aus purer Freundlichkeit weiterhalfen. Lothar veranstaltete überdies für neu eingelaufene Yachten Gartenfeste, während derer wir im großen Kreis gemeinsam Brot buken und Wein verkosteten, den er selbst gekeltert hatte, denn Lothar ist in seiner Casa weitgehend Selbstversorger.

Ein viel älterer Brauch als die Back-Feste sind die Wandgemälde an der Hafenmole von Horta. Die ältesten Bilder, die wir entdeckten, stammten aus den 80ern, doch wird die Mole von Neuankömmlingen immer wieder übermalt, die untersten Farbschichten sollen bis ins vorige Jahrhundert zurückreichen. Und jede Crew, die in Horta Station machte, mußte ihr kleines Kunstwerk hinzufügen; wer sich verweigerte, zog für seine Weiterfahrt zuverlässig Unglück auf sich. Während Petra den Pinsel schwang, suchte ich mit Unterstützung von Andreas nach der Ursache unserer schwachen Funkleistungen. Schließlich stellten wir fest, daß die Antenne auf der Mastspitze innerlich gebrochen war – Folge des permanenten Geschaukels, dem sie da oben ausgesetzt war.

Als ich nach getaner Arbeit zur Hafenmole ging, um Petras *Baal*-Bild zu bewundern, stand plötzlich unsere Freundin Christine neben uns. Petra hatte sie noch drei Tage zuvor in Hamburg angerufen, denn Christine kümmerte sich netterweise um unsere Finanzen und Heimatpost. Nach dem Telefonat kam ihr die Idee, uns spontan zu besuchen. Und weil sie uns nicht erreichen konnte, wir hatten wegen der hohen Gebühren für Auslandsgespräche unser Handy nicht eingeschaltet, flog sie eben einfach so zu den Azoren. Eine tolle Überraschung, aber auch ganz schön mutig. Eigentlich wollten wir nämlich schon zur Nachbarinsel Terceira weitergesegelt sein, und da hätte sie uns schwerlich aufspüren können.

Dann kam sie eben mit und erhielt gleich das volle Programm geboten: erst eine schöne Raumschot-Brise, dann eine Winddrehung, daß wir kreuzen mußten, eine Nacht mit Segelwechseln und schließlich Flaute, durch die wir motorten. Christine hat sich an der rauschenden Fahrt gefreut, sich später im Seegang übergeben, schließlich auf Nachtwache gefroren und fand alles überaus spannend. Wie man das wochenlang aushalten konnte, blieb ihr allerdings ein Rätsel. Aber das ging uns ehrlich gesagt ja manchmal auch so.

Kurz nach Christines Abreise erreichte uns eine furchtbare Nachricht: Petras Bruder war einige Tage zuvor mit dem Motorrad tödlich verunglückt. Petra hatte einen ihrer periodischen Anrufe nach Hause geführt und mußte so erfahren, daß er schon am kommenden Morgen beerdigt würde. Wir fuhren sofort zum Flughafen, doch sämtliche Flüge waren auf Tage ausgebucht. Nach langer Dis-

kussion entschlossen wir uns, die Reise im Segelboot fort-
zusetzen. Bis England waren es noch 1150 Seemeilen;
zwei Wochen würde es also dauern, bis Petra ihre Mutter
besuchen konnte. Doch alle versicherten uns am Telefon,
daß sie so kurz nach dem Unglück die ganze Verwandtschaft um sich habe. Die Beisetzung sei ohnehin verpaßt,
und in einigen Wochen, wenn sich die Aufmerksamkeit
naturgemäß etwas lege, würde Petras Beistand um so
willkommener sein.

Das Ganze gefiel uns nicht, aber da wir keine rechte Alternative hatten, machten wir uns auf den Weg. Die Tour
war natürlich von dem Todesfall überschattet. Aber später
erzählte Petra, daß ihr das Meer sehr geholfen habe, ihre
Trauer zu verarbeiten. Stundenlang saß sie im Cockpit
und schaute in die Wogen, die grauhäuptig und weißbär-
tig unter bedeckten Himmeln aus Nordost heranrausch-
ten. Sie schaute, weinte und konnte anschließend nicht
sagen, ob dies wegen ihres Verlustes geschah oder weil sie
das gewaltige Naturschauspiel so ergriff. Die Emotionen
vermischten sich, aber sie bewirkten, daß Petra und die
Wellen gegen Ende unserer Reise doch noch Freunde wurden, was vor einem halben Jahr nun wirklich niemand hat
ahnen können.

Drei Tage vor der Rückkehr nach Falmouth flog uns
eine Taube zu, ein schönes, beringtes Tier, das offenbar
durch den beharrlichen Nordostwind, der auch unser
Vorankommen so mühsam machte, aufs Meer hinausge-
blasen worden war. Die Taube war am Ende ihre Kräfte
und mochte erst einmal nichts essen, nur trinken, doch
nach einiger Zeit erholte sie sich und wurde keck. Sie entwickelte den Ehrgeiz, in unsere Kajüte vorzudringen.
Doch wir blieben eisern, schließlich hinterließ ihr Besuch
schon im Cockpit genügend unangenehme Spuren. Wir

räumten als Ausgleich ein Cockpitschapp, ein Stauraum, in dem wir sonst Sonnenmilch, Kekse und einige seemännische Dinge lagerten. Die Taube nahm das Nest bereitwillig an, und ich fand besonders praktisch, daß wir sie darin einsperren konnten, indem wir ein Holzrost hochklappten, das uns sonst als Sitzfläche diente. Aber immer wenn Petra Wache hatte, ließ sie als erstes die Taube frei, die sich dann auf ihr Knie setzte und sich füttern ließ. Einige Male wurde ich vor Ablauf meiner Freiwache von den gurrenden Lauten geweckt, in denen sich die beiden ausdauernd unterhielten.

Immerhin lenkte die Taube Petra vom stärksten Wind unserer gesamten Reise ab. Tagelang hatte ein Hoch über den Britischen Inseln gelegen, das dort schönstes Sommerwetter verbreitete, uns aber nur Wolken und Gegenwind schickte. Kurz vor unserer Ankunft machte es einem unangenehmen Tief Platz, das ich schon seit längerem argwöhnisch im Wetterfax beäugte. Denn neben der gezackten Linie, welche die Kaltfront des Tiefs symbolisierte, stand das Wörtchen »gale« – Sturm. Die Front erreichte uns 80 Meilen südwestlich der Scilly Inseln, dem äußersten Vorposten Englands. Weil es zu nieseln begonnen hatte, aßen wir ausnahmsweise am Kajüttisch zu Abend. Plötzlich mußten wir unsere Teller festhalten, denn *Baal* legte sich stark auf die Seite, und der Wind heulte furchterregend in den Wanten. Wir kippten das Abendessen in die Spüle, wo es kein größeres Unheil anrichten konnte, warfen Ölzeug über und stürzten hinaus. Eisiger Regen flog fast waagerecht, und bis ich die Segel weggerefft hatte, war mein Oberkörper ziemlich naß. Schon in der Karibik hatte ich nämlich festgestellt, daß die Ölzeugjacke nicht mehr wasserdicht war und mir deshalb einen gelben »Friesen-Nerz« gekauft, wie ihn auch

Bauarbeiter tragen. Doch als ich ihn jetzt erstmals brauchte, hatte ihn Petra bereits requiriert, um der Taube einen Regenschutz zu improvisieren. Und die hatte, damit erst gar keine Diskussion aufkommen konnte, gleich eine glitschige Markierung darauf hinterlassen. Schicksalsergeben kauerte ich mich hinter unsere Sprayhood, während Petra auf der Leeseite bei der Taube saß und ihr tröstende Worte zuflüsterte.

Als aus grauem Morgendunst endlich England auftauchte, dachten wir schon, wir hätten ein neues festes Crewmitglied an Bord. Die Taube setzte sich aufs Kajütdach und schaute gelangweilt zur Küste, ohne Anstalten zum Abflug zu machen. Darum waren wir im Hafen von Falmouth auch schon ein bißchen enttäuscht. Wir hatten die Taube vor dem Einlaufen zurück ins Schapp gesperrt, damit sie uns beim Anlegemanöver nicht in die Quere flatterte. Am Steg wollte Petra dann zwei älteren Herren vom Nachbarboot unser Haustier vorführen. Die Taube hüpfte aus ihrem Nest, breitete ihre Flügel aus und flog einfach davon.

»Nicht einmal umgedreht hatte sich«, klagte Petra, tierisch enttäuscht.

Aber auch wir widmeten England nicht viel mehr Zeit. Schon am nächsten Morgen liefen wir aus und segelten in einem Rutsch zwei Tage und Nächte durch diesig-nieseliges Wetter nach Vlissingen in Holland – eine Distanz, für die wir auf der Hinfahrt zehn Tage benötigt hatten und uns dabei noch abgehetzt vorkamen. In Vlissingen nahm Petra den Zug nach Kaiserslautern zu ihrer Mutter. Ich hütete derweil *Baal*, wo ich Besuch von meiner Schwester Susi erhielt, die hochschwanger mit Ehemann und drei Kindern anreiste.

Doch Petra blieb nicht lange fort, denn sie war fest entschlossen, unsere Hochzeitsreise, die wir vor dreizehneinhalb Monaten begonnen hatten, auch mit mir gemeinsam zum Abschluß zu bringen. Beim Aufbruch fragte uns der holländische Hafenmeister nach dem Ziel. Als wir ihm Hamburg nannten, war er ganz beeindruckt: »Was, soweit wollt ihr ohne Pause segeln? Das würde ich nicht wagen.«

Doch der Wetterbericht war günstig und die Nordsee gnädig; zwei Tage später erreichten wir Cuxhaven an der Elbmündung. Und kurz darauf, am 20. Juli 1999, kehrten wir nach 11 686 Meilen langer Fahrt an unseren Ausgangspunkt zurück. Ob wir die gleichen waren wie vor der Abfahrt? Bestimmt nicht! Wir hatten ein gemeinsames Abenteuer durchgestanden und vor allem am Anfang oftmals auch durchlitten. Doch je länger unsere Hochzeitsreise unter Segeln dauerte, desto mehr lernten wir die Mühsal des Yachtie-Daseins akzeptieren und seine Schönheiten zu genießen. Diese Erfahrung hatte uns zusammengeschweißt. Trotzdem freuten wir uns jetzt wieder aufs Landleben, denn wir hatten uns nie als Aussteiger verstanden und liebten unsere Berufe. Aber als wir abends mit Champagner auf den guten Abschluß unseres Segeljahres anstießen, schworen wir uns: Wir werden wieder auf große Fahrt gehen, und nicht erst, wenn wir Silberhochzeit feiern.

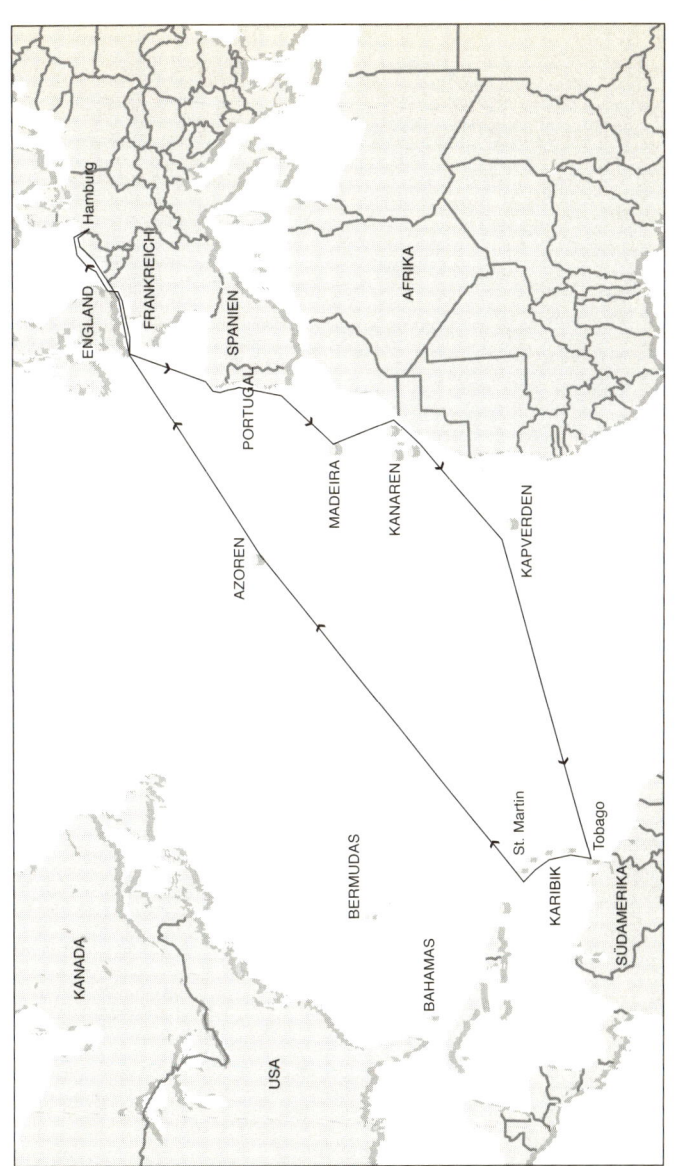

Michael Asher

*Zu zweit gegen
die Sahara*

*Per Kamel auf Hochzeitsreise. Aus
dem Englischen von Hanna van
Laak. 352 Seiten mit 36 Fotos von
Mariantonietta Peru. SP 1710*

Eigentlich ist das Unternehmen, das Michael Asher sich vorgenommen hat, schwierig genug: Er möchte auf dem Kamel die Sahara durchqueren. Damit aber die Sache nicht zu harmlos, zu unproblematisch wird, funktioniert er die Expedition zur Hochzeitsreise um und nimmt seine Frau Mariantonietta mit, die fünf Tage zuvor geheiratet hat. Auf diese abenteuerliche Weise entstand Stoff in Hülle und Fülle für ein außergewöhnlich spannendes und amüsantes Buch, an dessen Ende Asher resümiert: »Wir drehten uns um, um einen letzten Blick auf die Sahara zu werfen. Für jeden von uns hatte die Wüste eine eigene Bedeutung. Für mich war sie eine Leere, der wir Leben eingehaucht hatten, eine Arena, in der wir ein unglaubliches Spiel auf Leben und Tod aufgeführt hatten.

Bettina Selby

Timbuktu

*Eine Frau in Schwarzafrika allein
mit dem Fahrrad unterwegs. Aus
dem Englischen von Jürg Wahlen.
285 Seiten mit 21 Farbfotos von
Bettina Selby. SP 1724*

Als einzigen Weggefährten hatte sie ihr leuchtend rotes Fahrrad Evans dabei. Über fünfzigjährig bricht Bettina Selby, Mutter dreier Kinder, Fotografin, Journalistin und Buchautorin, mit ihrem Fahrrad auf, um ein Stück Schwarzafrika – von Niamey bis Timbuktu – zu erkunden: vorbei an Lehmhütten und Reisfeldern, durch die Wüste und durch den Urwald, immer entlang dem Niger. Auf ihrem abenteuerlichen und strapaziösen Weg, den sie mit erfrischender Selbstironie schildert, erlebt sie Menschen und Landschaft in einer Unmittelbarkeit, wie sie nur die Reisegeschwindigkeit des Fahrrads erlaubt. Sie stößt auf verloren geglaubte Kulturen und liefert Momentaufnahmen einer fernen Welt, die vom Untergang bedroht ist.

SERIE
PIPER

SERIE
PIPER

Peter Fleming

Brasilianisches Abenteuer

Aus dem Englischen von Hans Bütow. 420 Seiten mit 15 Schwarzweiß-Abbildungen und 2 Karten. SP 1436

Fleming hat ebensoviel Hunger nach Abenteuer wie Spott für den heroischen Gestus angeblicher Großtaten, die sich in der Jagd nach Superlativen erschöpfen. Genau dieser Zwiespalt macht Flemings »Brasilianisches Abenteuer« zum faszinierenden Bericht eines Menschen, der sich mit all seiner ironischen Distanzierung im Kopf dem Wagnis, den Strapazen, den Gefahren, dem Fremden hautnah ausliefert. Die Expedition führt Fleming ins Innere des Mato Grosso, ein »jungfräuliches Land«, in dem der Abenteurer und Oberst Fawcett seit sechs Jahren verschollen ist – für die Presse Anlaß blühender Spekulationen. Fawcett seinerseits war einer Expedition aus dem Jahr 1743 auf der Spur gewesen, die, auf der Suche nach sagenhaften Silber- und Goldvorkommen, ebenfalls nie wieder aufgetaucht war.

Lucy Irvine

Eva und Mister Robinson

Ein Jahr auf einer tropischen Insel. Aus dem Englischen von Werner Waldhoff. 358 Seiten mit sechs Farbfotos und dreizehn Zeichnungen. SP 1274

Alles fing damit an, daß Lucy Irvine eine Anzeige las: »Schriftsteller sucht Frau für ein Jahr auf tropischer Insel.« Ihr alter Traum vom paradiesischen Leben zu zweit auf einer Südsee-Insel scheint Wirklichkeit zu werden. Bevor nun Eva und ihr Mister Robinson »ihre« Insel betreten dürfen, zwingt allerdings die Ordnungsliebe der australischen Behörden die beiden Abenteurer zur Heirat. Dann lassen sie sich auf Tuin aussetzen, nur mit dem Allernotwendigsten zum Überleben ausgestattet. Und damit beginnt die dramatische Geschichte des täglichen Kampfes um Wasser und Brot, das Auf und Ab atemberaubender Freuden und Glücksmomente.

«Ein fesselndes, bewegendes Buch.»
Der Spiegel